U0748283

目录 | Contents

罗曼罗兰致译者书（代序）

——论无抵抗主义

三月三日赐书，收到甚迟。足下迻译拙著贝多芬、米开朗琪罗、托尔斯泰三传，并有意以汉译付刊，闻之不胜欣慰。

当今之世，英雄主义之光威复炽，英雄崇拜亦复与之俱盛。惟此光威有时能酿巨灾；故最要莫如将"英雄"二字下一确切之界说。

夫吾人所处之时代乃一切民众遭受磨炼与战斗之时代也；为骄傲为荣誉而成为伟大，未足也；必当为公众服务而成为伟大。最伟大之领袖必为一民族乃至全人类之忠仆。昔之孙逸仙、列宁，今之甘地，皆是也。至凡天才不表于行动而发为思想与艺术者，则贝多芬、托尔斯泰是已。吾人在艺术与行动上所应唤醒者，盖亦此崇高之社会意义与深刻之人道观念耳。

至"无抵抗主义"之问题，所涉太广太繁，非短简可尽。愚尝于论甘地之文字中有所论列，散见于拙著《甘地传》《青年印度》

及《甘地自传》之法文版引言。

余将首先声明，余实不喜此"无抵抗"之名，以其暗示屈服之观念，绝不能表白英雄的与剧烈的行动性，如甘地运动所已实现者。唯一适合之名辞，当为"非武力的拒绝"。

其次，吾人必须晓喻大众；此种态度非有极痛苦之牺牲不为功；且为牺牲自己及其所亲的整个的牺牲；盖吾人对于国家或党派施行强暴时之残忍，决不能作何幸想。吾人不能依恃彼等之怜悯，亦不能幸图彼等攻击一无抵抗之敌人时或有内疚。半世纪来，在革命与战乱之中，人类早已养成一副铁石心肠矣。即令"非武力的拒绝"或有战胜之日，亦尚须数代人民之牺牲以换取之，此牺牲乃胜利之必须代价也。

由是可见，若非赖有强毅不拔之信心与宗教的性格，（即超乎一切个人的与普动的利害观念之性格，）决不能具有担受此等牺牲之能力。对于人类，务当怀有信念，无此信念，则于此等功业，宁勿轻于尝试！否则即不殒灭，亦将因恐惧而有中途背叛之日。度德量力，实为首要。

今请在政治运动之观点上言，则使此等计划得以成功者，果为何种情势乎？此情势自必首推印度。彼国人民之濡染无抵抗主义也既已数千年，今又得一甘地为其独一无二之领袖；此其组织天才，平衡实利与信心之精神明澈，及其对于国内大多数民众之权威有以致之。彼所收获者将为确切不易之经验，不独于印度为然，即于全世界亦皆如此。是经验不啻为一心灵之英雄及其民族在强暴时代所筑之最坚固之堤岸。万一堤岸崩溃，则恐若干时内，强暴将掩有天下。而行动人物中之最智者亦只能竭力指挥强暴而莫之能御矣。当斯时也，洁身自好之士惟有隐遁于深邃之思想境域中耳。

然亦惟有忍耐已耳！狂风暴雨之时代终有消逝之日……不论其是否使用武力，人类必向统一之途迈进！

罗曼罗兰

瑞士　一九三四年六月三十日

原　序

　　这第十一版底印行适逢托尔斯泰百年诞辰底时节，因此，本书底内容稍有修改。其中增入自一九一〇年起刊布的托氏通信。作者又加入整整的一章，述及托尔斯泰和亚洲各国：中国，日本，印度，回教国底思想家底关系，他和甘地的关系，尤为重要。我们又录入托尔斯泰在逝死前一个月所写的一信底全文，他在其中发表无抵抗斗争底整个计划，为甘地在以后获得一种强有力的作用的。

罗曼・罗兰

一九二八年八月

 托尔斯泰传

LEO TOLSTOY

一

俄罗斯底伟大的心魂，百年前在大地上发着光焰的，对于我的一代，曾经是照耀我们青春时代的最精纯的光彩。在十九世纪终了时阴霾重重的黄昏，它是一颗抚慰人间的巨星，它的目光足以吸引并慰抚我们青年底心魂。在法兰西，多少人认为托尔斯泰不止是一个受人爱戴的艺术家，而是一个朋友，最好的朋友，在全部欧罗巴艺术中唯一的真正的友人。既然我亦是其中的一员，我愿对于这神圣的回忆，表示我的感激与敬爱。

我懂得认识托尔斯泰底日子，在我的精神上将永不会磨灭。这是一八八六年，在幽密中胚胎萌蘖了若干年之后，俄罗斯艺术底美妙的花朵突然于法兰西土地上出现了。托尔斯泰与杜思退益夫斯基底译本在一切书店中同时发刊，而且是争先恐后般的速度与狂热。一八八五至一八八七年间，在巴黎印行了《战争与和平》《安娜小史》《童年与少年》《波里哥加》《伊凡·伊列区之死》，高加索短篇小说和通俗短篇小说。在几个月中，几星期中，我们眼前发现了含有整个的伟大的人生底作品，反映着一个民族，一个簇新的世界底作品。

那时我初入高师。我和我的同伴们，在意见上是极不相同的。在我们的小团体中，有讥讽的与现实主义思想者，如哲学家乔治·杜马(Georges Dumas)，有热烈地追怀意大利文艺复兴的诗人，如舒亚莱(Suarès)，有古典传统底忠实信徒，有斯当达派与华格耐派，有无神论者与神秘主义者，掀起多少辩论，发生多少龃龉；但在几个月之中，爱慕托尔斯泰的情操使我们完全一致了。各人以各不相同的理由爱他：因为各人在其中找到自己；而对于我们全体又是人生底一个启示，开向广大的宇宙底一扇门。在我们周围，在我们的家庭中，在我们的外省，从欧罗巴边陲传来的巨声，唤起同样的同情，有时是意想不到的。有一次，在我故乡尼佛纳(Nivernais)，我听见一个素来不注意艺术，对于什么也不关心的中产者，居然非常感动地谈着《伊凡·伊列区之死》。

我们的著名批评家曾有一种论见，说托尔斯泰思想中的精华都是汲取于我们的浪漫派作家：乔治·桑，维克多·嚣俄。不必说乔治·桑对于托尔斯泰的影响说之不伦，托尔斯泰是决不能忍受乔治·桑底思想的，也不必否认卢梭与斯当达(Stendhal)对于托尔斯泰的实在的影响，总之不把他的伟大与魅力认为是由于他的思想而加以怀疑，是不应当的。艺术所赖以活跃的思想圈子是最狭隘的。他的力强并不在于思想本身，而是在于他所给予思想的表情，在于个人的调子，在于艺术家底特征，在于他的生命底气息。

不论托尔斯泰底思想是否受过影响——这我们在以后可以看到——欧罗巴可从没听到象他那种声音。除了这种说法之外，我们又怎么能解释听到这心魂底音乐时所感到的情绪底激动呢？——而这声音我们已企待得那么长久，我们的需要已那么急切。流行的风尚在我们的情操上并无什么作用。我们之中，大半都象我一样，只在读过了托尔斯泰底作品之后才认识特·伏葛 (de Vogüé) 著的《俄国小说论》；他的赞美比起我们的钦佩来已经逊色多了。因为特·伏葛特别以文学家底态度批判。但为我们，单是赞赏作品是不够的：我们生活在作品中间，他的作品已成为我们的作品了。我们的，由于他热烈的生命，由于他的心底青春。我们的，由于他苦笑的幻灭，由于他毫无怜惜的明察，由于他与死底纠缠。我们的，由于他对于博爱与和平底梦想。我们的，由于他对于文明底谎骗，加以剧烈的攻击。且也由于他的现实主义，由于他的神秘主义。由于他具有大自然底气息，由于他对于无形的力底感觉，由于他对于无穷底眩惑。

这些作品之于今日，不啻《少年维特之烦恼》之于当时：是我们的力强、弱点、希望、与恐怖底明镜。我们毫未顾及要把这一切矛盾加以调和，把这颗反映着全宇宙的复杂心魂纳入狭隘的宗教的与政治的范畴；我们不愿效法人们，学着浦尔越 (Paul Bourget）于托尔斯泰逝世之后，以各人的党派观念去批评他。仿佛我们的朋党一旦竟能成为天才底度衡那样！……托尔斯泰是否和我同一党派，于我又有何干？在呼吸他们的气息与沐浴他们的光华之时，我会顾忌到但丁与莎士比亚是属于何党何派的么？

我们绝对不象今日底批评家般说："有两个托尔斯泰，一是转变以前的，一是转变以后的；一是好的，一是不好的。"对于我们，只有一个托尔斯泰，我们爱他整个。因为我们本能地感到在这样的心魂中，一切都有立场，一切都有关连。

二

我们往昔不加解释而由本能来感到的，今日当由我们的理智来证实了。现在，当这长久的生命达到了终点，展露在大家眼前，没有隐蔽，在思想底国土中成为光明的太阳之时，我们能够这样做了。第一使我们惊异的，是这长久的生命自始至终没有变更，虽然人家曾想这用藩篱把它随处分隔，——虽然托尔斯泰自己因为富于热情之故，往往在他相信，在他爱的时候，以为是他第一次相信，第一次爱，而认为这才是他的生命底开始。开始。重新开始。同样的转变，同样的争斗，曾在他心中发生过多少次！他的思想底统一性是无从讨论的，——他的思想从来不统一的——但可注意到他种种不同的因素，在他思想上具有时而妥协时而敌对底永续性。在一个如托尔斯泰那样的人底心灵与思想上，统一性是绝对不存在的，它只存在于他的热情底斗争中，存在于他的艺术与他的生命底悲剧中。

艺术与生命是一致的。作品与生命从没比托尔斯泰底联络得更密切了：他的作品差不多时常带着自传性；自二十五岁起，它使我们一步一步紧随着他的冒险生涯底矛盾的经历。自二十岁前开始直到他逝世为止[1]的他的日记，和他供给皮吕高夫(Birukov)的记录[2]，更补充我们对于他的认识，使我们不独能一天一天地明了他的意识底演化，而且能把他的天才所胚胎，他的心灵所借以滋养的世界再现出来。

丰富的遗产，双重的世家（托尔斯泰族与伏公斯基族），高贵的，古旧的，世裔一直可推到吕李克，家谱上有随侍亚历山大大帝的人物，有七年战争中的将军，有拿破仑诸役中的英雄，有十二月党人，有政治犯。家庭底回忆中，好几个为托尔斯泰采作他的《战争与和平》中的最特殊的典型人物：如他的外祖父，老亲王鲍尔公斯基(Bolkonski)，嘉德琳二世时代底服尔德式的专制的贵族代表；他的母亲底堂兄弟，尼古拉·葛莱高莱维区·伏公斯基亲王(Nicolas Griégorévitch Volkonski)，在奥斯丹列兹一役中受伤而在战场上救回来的；他的父亲，有些象尼古拉·洛斯多夫(Nicolas Rostov)的；他的母亲，玛丽公主，这温婉的丑妇人，

---

[1] 除了若干时期曾经中断过，——尤其有一次最长的，自一八六五至一八七八年止。

[2] 他供给这些记录因为皮吕高夫为托尔斯泰作了不少传记，如《生活与作品》《回忆录》《回想录》《书信》《日记选录》《传记资料汇集》等；这些作品都曾经过托尔斯泰亲自校阅，是关于托氏生涯与著作底最重要之作，亦是我参考最多的书。

生着美丽的眼睛，丑的脸相，她的仁慈底光辉，照耀着《战争与和平》。

对于他的父母，他是不大熟知的。大家知道《童年时代》与《少年时代》中的可爱的叙述极少真实性。他的母亲逝世时，他还未满二岁。故他只在小尼古拉·伊丹尼夫 (Nicolas Irteniev) 底含泪的诉述中稍能回想到可爱的脸庞，老是显着光辉四射的微笑，使她的周围充满了欢乐……

"啊！如果我能在艰苦的时间窥见这微笑，我将不知悲愁为何物了……"[1]

但她的完满的坦率，她的对于舆论的不顾忌，和她讲述她自己造出来的故事的美妙的天才，一定是传给他了。

他至少还能保有若干关于父亲的回忆。这是一个和蔼的诙谐的人，眼睛显得忧郁，在他的食邑中度着独立不羁，毫无野心的生活。托尔斯泰失怙的时候正是九岁。这死使他"第一次懂得悲苦的现实，心魂中充满了绝望。"[2]——这是儿童和恐怖的幽灵底第一次相遇，他的一生，一部分是要战败它，一部分是在把它变形之后而赞扬它。……这种悲痛底痕迹，在《童年时代》底最后几章中有深刻的表露，在那里，回忆已变成追写他的母亲底死

---

[1] 《童年时代》第二章。

[2] 《童年时代》第二十七章。

与下葬的叙述了。

在伊阿斯拿耶·波里阿那[1]底古老的宅邸中，他们一共是五个孩子。雷翁·尼古拉伊哀维区 (Léon Nikolaievitch) 即于一八二八年八月二十八日诞生于这所屋里，直到八十二年之后逝世的时光才离开。五个孩子中最幼的一个是女，名字叫玛丽，后来做了女修士。（托尔斯泰在临死时逃出了他自己的家，离别了家人，便是避到她那里去。）——四个儿子：塞尔越 (Serge)，自私的，可爱的一个，"他的真诚底程度为我从未见过的"；——特米德利 (Dmitri)，热情的，深藏的，在大学生时代，热烈奉行宗教，什么也不顾，持斋减食，寻访穷人，救济残废，后来突然变成放浪不羁，和他的虔诚一样暴烈，以后充满着悔恨，在娼家为一个妓女脱了籍和她同居，二十九岁时患肺痨死了[2]；——长子尼克拉 (Nicolas) 是弟兄中最被钟爱的一个，从他母亲那里承受了讲述故事的幻想[3]，幽默的，胆怯的，细腻的性情，以后在高加索当军官，养成了喝酒的习惯，充满着基督徒底温情。他亦把他所有的财产尽行分赠穷人。屠克涅夫说他"在人生中实行卑谦，不似他的兄弟雷翁徒在理论上探讨便自满了。"

---

[1] Iasnaïa Poliana 意思是"栅栏"，是莫斯科南 Toula 城十余里外的一个小村，它所属的省分是俄罗斯色彩最重的一个省分。

[2] 托尔斯泰在《安娜小传》中描写他，那个人物是莱维纳 (Lévine) 底兄弟。

[3] 他曾写过一部《猎人日记》。

在那些孩儿周围，有两个具有仁慈的心地的妇人：太蒂阿娜 (Tatiana) 姑母 [1]，托尔斯泰说："她有两项德性：镇静与爱。"她的一生只是爱。她永远为他人舍身……

"她使我认识爱底精神上的快乐……"

另外一个是亚历山大 (Alexandra) 姑母，她永远服侍他人而避免为他人服侍，她不用仆役，唯一的嗜好是读圣徒行传，和朝山的人与无邪的人谈话。好几个无邪的男女在他们家中寄食。其中有一个朝山进香的老妇，会背诵赞美诗的，是托尔斯泰妹妹底寄母。另外一个叫做葛里夏 (Gricha) 的，只知道祈祷与哭泣……

"噢伟大的基督徒葛里夏！你的信仰是那么坚强，以至你感到和神迫近，你的爱是那么热烈，以至你的言语从口中流露出来，为你的理智无法驾驭。你颂赞神底庄严，而当你找不到言辞的时候，你泪流满面着匍匐在地下！……" [2]

这一切卑微的心灵对于托尔斯泰底长成上的影响当然是昭然若揭的事。暮年底托尔斯泰似乎已在这些灵魂上萌蘖，试练了。他们的祈祷与爱，在儿童底精神上散播了信仰底种子，到老年时便看到这种子底收获。

---

[1] 实际上她已是一个远戚。她曾爱过托尔斯泰底父亲，他亦爱她；但如《战争与和平》中的 Sonia 一般，她退让了。

[2] 《童年时代》第七章。

除了无邪的葛里夏之外，托尔斯泰在他的《童年时代》中，并没提及助长他心魂底发展的这些卑微人物。但在另一方面，书中却透露着这颗儿童底灵魂，"这颗精纯的，慈爱的灵魂，如一道鲜明的光华，永远懂得发现别人底最优的品性，"和这种极端的温柔！幸福的他，只想念着他所知道的不幸者，他哭泣，他愿对他表现他的忠诚。他亲吻一匹老马，他请求原谅他使它受苦。他在爱的时候便感到幸福，即是他不被人爱亦无妨。人们已经窥到他未来的天才底萌芽：使他痛哭身世的幻想；他的工作不息的头脑，——永远努力要想着一般人所想的问题；他的早熟的观察与回忆的官能[1]；他的锐利的目光，——懂得在人家的脸容上，探寻他的苦恼与哀愁。他自言在五岁时，第一次感到，"人生不是一种享乐，而是一桩十分沉重的工作"[2]。

幸而，他忘记了这种思念。这时节，他在通俗的故事，俄罗斯底 Bylines 神话与传说，《圣经》的史略中组织他的幻梦来，尤其是圣经中约瑟底历史，——在他暮年时还把他当作艺术底模范，——和《天方夜谭》。为他在祖母家里每晚听一个盲目的讲故事人坐在窗口上讲述的。

---

[1]　在他一八七六年时代的自传式笔记中，他说他还能记忆襁褓与婴儿时洗澡的感觉。瑞士大诗人史比德莱 (Carl Spitteler) 亦具有同样的记忆力，对于他初入世界时的形象记得很清晰，他曾为此写了一整部的书。

[2]　《初期回忆》。

三

他在嘉尚 (Kazan) 地方读书 [1]。成绩平庸。人家说这兄弟三人 [2]："塞尔越欲而能。特米德利欲而不能。雷翁不欲亦不能。"

他所经过的时期，真如他所说的"荒漠的青年时期"。荒凉的沙漠，给一阵阵狂热的疾风扫荡着。关于这个时期，《少年》，尤其是《青年》底叙述中，含有极丰富的亲切的忏悔材料。他是孤独的。他的头脑处于永远的狂热境界中。在一年内，他重新觅得并试练种种与他适当的学说 [3]。斯多噶主义者，他从事于磨折他的肉体。伊壁鸠主义者，他又纵欲无度。以后，他复相信轮回之说。终于他堕入一种错乱的虚无主义中：他似乎觉得如果他迅速地转变，他将发见虚无即在他的面前。他把自己分析，分析……

---

[1] 一八四二年至一八四七年。

[2] 长兄尼古拉，比雷翁长五岁，他在一八四四年时已修了他的学业。

[3] 他爱作关于形而上的谈话；他说："尤其因为这种谈话是那么抽象，那么暗晦，令人相信他说的话确是他所想的，其实是完全说了别种事情。"（《少年时代》第二十七章）

"我只想着一样，我想我想着一样……"[1]

这永无休止的自己分析，这推理的机能，自然容易陷于空虚，而且对于他成为一种危险的习惯，"在生活中时常妨害他"，据他自己说，但同时却是他的艺术底最珍贵的泉源[2]。

在这精神活动中，他失了一切信念：至少，他是这样想。十六岁，他停止祈祷，不到教堂去了[3]。但信仰并未死灭，它只是潜匿着。

"可是我究竟相信某种东西。什么？我不能说。我还相信神，或至少我没有否认它。但何种神？我不知道。我也不否认基督和他的教义；但建立这教义的立场，我却不能说。"[4]

有时，他沉迷于慈悲底幻梦中。他曾想卖掉他的坐车，把卖得的钱分给穷人，也想把他的十分之一的家财为他们牺牲，他自己可以不用仆役……"因为他们是和我一样的人。"[5]在某次病中[6]，他写了一部《人生底规则》。他在其中天真地指出人生底责任，"须研究一切，一切都要加以深刻的探讨：法律，医学，

---

[1] 《少年时代》第十九章。

[2] 尤其在他的初期作品中，如《塞白斯多堡杂记》。

[3] 这是他读服尔德底作品极感乐趣底时期。（《忏悔录》第一章）

[4] 《忏悔录》第一章。

[5] 《青年时代》第三章。

[6] 一八四七年三月至四月间。

语言，农学，历史，地理，数学，在音乐与绘画中达到最高的顶点"……他"相信人类底使命在于他的自强不息的追求完美"。

　　然而不知不觉地，他为少年底热情，强烈的性感与夸大的自尊心[1]所驱使，以至这种追求完美底信念丧失了无功利观念的性质，变成了实用的与物质的了。他的所以要求他的意志，肉体与精神达到完美，无非是因为要征服世界，获得全人类的爱戴[2]。他要取悦于人。

　　这却不是一件容易的事。他如猿子一般的丑陋：粗犷的脸，又是长又是笨重，短发覆在前额，小小的眼睛深藏在阴沉的眼眶里，瞩视时非常严峻，宽大的鼻子，往前突出的大唇，宽阔的耳朵[3]。因为无法改变这丑相，在童时他已屡次感到绝望底痛苦[4]，

---

[1]　奈克昌杜夫在他的《少年时代》中说："人所做的一切，完全是为了他的自尊心。"一八五三年，托尔斯泰在他的日记中写道："骄傲是我的大缺点。一种夸大的自尊心，毫无理智的；我的野心那么强烈，如果我必得在光荣与德性（我爱好的）中选择其一，我确信我将选择前者。"

[2]　"我愿大家认识我，爱我。我愿一听到我的名字，大家便赞叹我，感谢我。"（《青年时代》第三章）

[3]　根据一八四八，他二十岁时底一幅肖像。

[4]　"我自己想，象我这样一个鼻子那么宽，口唇那么大，眼睛那么小的人，世界上是没有他的快乐的。"（《童年时代》第十七章）此外，他悲哀地说起"这副没有表情的脸相，这些软弱的，不定的，不高贵的线条，只令人想起那些乡人，还有这双太大的手与足。"（《童年时代》第一章）

他自命要实现成为"一个体面人"[1]。这种理想，为要做得象别个"体面人"一样，引导他去赌博，借债，彻底的放荡[2]。

一件东西永远救了他：他的绝对的真诚。

——你知道我为何爱你甚于他人，奈克昌杜夫 (Nekhludov) 和他说。你具有一种可惊的少有的品性：坦白。

——是的，我老是说出我自己也要害羞的事情[3]。

在他最放荡的时候，他亦以犀利的明察的目光批判。

"我完全如畜类一般地生活，"他在《日记》中写道，"我是堕落了。"

用着分析法，他仔仔细细记出他的错误底原因：

"一、犹疑不定或缺乏魄力；——二、自欺；——三、操切；——四、无谓的羞惭；——五、心绪恶劣；——六、迷惘；——七、模仿性；——八、浮躁；——九、不加考虑。"

即是这种独立不羁的判断，在大学生时代，他已应用于批评社会法统与知识的迷信。他瞧不起大学教育，不愿作正当的历史研究，为了思想底狂妄被学校处罚。这时代，他发现了卢梭，《忏悔录》，《爱弥儿》。对于他，这是一个青天霹雳。

---

[1] "我把人类分做三类：体面的人，唯一值得尊敬的；不体面的人，该受轻蔑与憎恨的；贱民，现在是没有了。"（《青年时代》第三十一章）

[2] 尤其当他逗留圣彼得堡底时代（一五四七——八年）。

[3] 《少年时代》第二十七章。

"我向他顶礼。我把他的肖像悬在颈下如圣像一般。"[1]

他最初几篇的哲学论文便是关于卢梭的诠释（一八四六——七）。

然而，对于大学和"体面人"都厌倦了，他重新回来住在他的田园中，在伊阿斯拿耶·波里阿那故乡（一八四七——一八五一）；他和民众重新有了接触；他借口要帮助他们，成为他们的慈善家和教育家。他在这时期的经验在他最初几部中便有叙述，如《一个绅士底早晨》（一八五二），一篇优异的小说，其中的主人翁便是他最爱用的托名：奈克吕杜夫亲王[2]。

奈克吕杜夫二十岁。他放弃了大学去为农民服务。一年以来他干着为农民谋福利的工作；其次，去访问一个乡村，他遭受了似嘲似讽的淡漠，牢不可破的猜疑，因袭，浑噩，下流，无良……等等。他一切的努力都是枉费。回去时他心灰意懒，他想起他一年以前的幻梦，想起他的宽宏的热情，想起他当年底理想，"爱与善是幸福，亦是真理，世界上唯一可能的幸福与真理。"他觉

---

[1] 和保尔·鲍阿伊哀 (Paul Boyer) 底谈话，见一九〇一年八月二十八日巴黎《时报》。

[2] 在《少年时代》与《青年时代》中（一八五四年），在《支队中的相遇》中（一八五六），在《吕赛纳》中（一八五七年），在《复活》中（一八九九年），都有奈克吕杜夫这个人物。——但当注意这个名字是代表各种不同的的人物。托尔斯泰也并不使他保留着同样的生理上的容貌，奈克吕杜夫在《射击手日记》底终了是自杀的。这是托尔斯泰底各种化身，有时是最好的，有时是最坏的。

得自己是战败了。他羞愧而且厌倦了。

"坐在钢琴前面，他的手无意识地按着键盘。奏出一个和音，接着第二个，第三个……他开始弹奏。和音并不完全是正则的；往往它们平凡到庸俗的程度，丝毫表现不出音乐天才；但他在其中感到一种不能确定的，悲哀的乐趣。每当和音变化时，他的心跳动着，等待着新的音符来临，他以幻想来补足一切缺陷。他听到合唱，听到乐队……而他的主要乐趣便是由于幻想底被迫的活动，这些活动显示给他最多变的关于过去与未来的形象与情景，无关连的，但是十分明晰……"

他重复看到刚才和他谈话的农人，下流的，猜疑的，说谎的，懒惰的，顽固的；但此刻他所看到的他们，只是他们的好的地方而不是坏处了；他以爱底直觉透入他们的心；在此，他窥到他们对于压迫他们的命运所取的忍耐与退让的态度，他们对于一切褊柱底宽恕，他们对于家庭底热情，和他们对于过去所以具有因袭的与虔敬的忠诚之原因。他唤引起他们劳作的日子，疲乏的，可是健全的……

"这真美，他喃喃地说……我为何不成为他们中的一员呢？"[1]

---

[1] 《一个绅士底早晨》第二卷。

整个的托尔斯泰已包藏在第一篇短篇小说底主人翁中[1]：在他的明确而持久的视觉中，他用一种毫无缺陷的现实主义来观察人物；但他闭上眼睛时，他重又沉入他的幻梦，沉入他对于人类中底爱情中去了。

---

[1] 这篇小说与《童年时代》同时。

四

但一八五〇年左右底托尔斯泰并没如奈克吕杜夫那般忍耐。伊阿斯拿耶令他失望；他对于民众亦如对于优秀阶级一样地厌倦了；他的职分使他觉得沉重，他不复能维持下去。此外，他的债权人紧逼着他。一八五一年，他避往高加索，遁入军队中，在已经当了军官的他的哥哥尼古拉那里。

他一到群山环绕的清明的境域，他立刻恢复了，他重新觅得了上帝：

"昨夜[1]，我差不多没有睡觉……我向神祈祷。我无法描写在祈祷时所感到的情操底甘美。我先背诵惯例的祷文，以后我又祈祷了长久。我愿欲什么十分伟大的，十分美丽的东西……什么？我不能说。我欲把我和'神'融和为一，我请求他原谅我的过失……可是不，我不请求这个，我感到，既然他赐予我这最幸福的时间，他必已原谅我了。我请求，而同时我觉得我无所请求，亦不能且不知请求。我感谢了他，不是用言语，亦不是在思想上……仅仅

---

[1] 一八五一年六月十一日，在高加索 Stari-Iourt 底营地。

一小时之后，我又听到罪恶底声音。我在梦着光荣与女人底时候睡着了：这比我更强力。不打紧！我感谢神使我有这一刻看到我的渺小与伟大底时间。我欲祈祷，但我不知祈祷；我欲彻悟，但我不敢。我完全奉献给你的意志！"[1]

肉情并未战败（它从没有被战败），情欲与神底争斗秘密地在心中进展。在《日记》中，托尔斯泰记述三个侵蚀他的魔鬼：

一、赌博欲（可能战胜的）；

二、肉欲（极难战胜的）；

三、虚荣欲（一切中最可怕的）。

在他梦想着要献给别人而牺牲自己的时候，肉欲或轻浮的思想同时占据着他：某个高加索妇人的形象使他迷恋，或是"他的左面的胡须比右面的竖得高时会使他悲哀。[2]"——"不妨！"神在这里，他再也不离开他了。即是斗争底骚乱也含有繁荣之机，一切的生命力都受着激励了。

"我想我当初要到高加索旅行的轻佻的思念，实在是至高的主宰给我的感应。神灵底手指点着我，我不息地感谢他。我觉得在此我变得好了一些，而我确信我一切可能的遭遇对于我只会是

---

[1] 《日记》。

[2] 同前（一八五一年七月二日）。

福利，既然是神自己底意志要如此……[1]"

　　这是大地向春天唱它感谢神恩的歌。它布满了花朵。一切都好，一切都美。一八五二年，托尔斯泰底天才吐出它初期的花苞：《童年时代》《一个绅士底早晨》《侵略》《少年时代》；他感谢使他繁荣的上帝。[2]

---

[1]　一八五二年致他的太蒂阿娜姑母书。

[2]　一幅一八五一年时代底肖像，已表现出他在心魂上酝酿成熟的转变。头举起着，脸色稍微变得清朗了些，眼眶没有以前那么阴沉，目光仍保有他的严厉的凝注，微张的口，刚在生长的胡须，显得没有神采，永远含着骄傲的与轻蔑的气概，但青年底蓬勃之气似乎占有更多的成分。

五

《我的童年底历史》于一八五一年秋在蒂弗里斯 (Tiflis) 地方开始，一八五二年七月二日在高加索毕阿蒂高斯克 (Piatigorsk) 地方完成。这是很奇怪的：在使他陶醉的自然界中，在簇新的生活里，在战争底惊心动魄的危险中，在一意要发现为他所从未认识的热情的世界时，托尔斯泰居然会在这第一部作品中追寻他过去生活底回忆。但当他写《童年时代》时，他正病着，军队中的服务中止了；在长期休养的闲暇中，又是孤独又是痛苦，正有感伤的倾向，过去的回忆便在他温柔的眼前展现了 [1]。最近几年底颓废生活，使他感到筋疲力尽般的紧张之后，去重温"无邪的，诗意的，快乐的，美妙的时期"底幼年生活，追寻"温良的，善感的，富于情爱的童心"，于他自另有一番甜蜜的滋味。而且充满了青春底热情，怀着无穷尽的计划，他的循环式的诗情与幻想，难得采用一个孤独的题材，他的长篇小说，实在不过是他从不能

---

[1] 他那时代写给太蒂阿娜姑母的信是充满了热泪。他确如他所说的 "Liova-riova"（善哭的雷翁），（一八五二年正月六日书）。

实现的巨大的历史底一小系罢了[1]；这时节，托尔斯泰把他的《童年时代》只当作《一生四部曲》底首章，它原应将他的高加索生活也包括在内，以由自然而获得神底启示一节为终结的。

以后，托尔斯泰对于这部助他成名的著作《童年时代》，表示十分严酷的态度。

——"这是糟透了，"他和皮吕高夫说，"这部书缺少文学的诚实！……其中简直没有什么可取。"

但只有他一个人抱有这种见解。本书底原稿，不写作者的名字，寄给俄罗斯底有名的大杂志《当代》，立刻被发表了（一八五二年九月六日），而且获得普遍的成功，为欧罗巴全部的读者所一致确认的。然而，虽然其中含有魅人的诗意，细腻的笔致，精微的情感，我们很可懂得以后会使托尔斯泰憎厌。

它使他憎厌的理由正是使别人爱好的理由。我们的确应当说：除了若干地方人物底记载与极少数的篇幅中含有宗教情操，与感情的现实意味[2]足以动人之外，托尔斯泰底个性在此表露得极少。书中笼罩着一种温柔的感伤情调，为以后的托尔斯泰所表示反感，而在别的小说中所摒除的。这感伤情调，我们是熟识的，我

---

[1] 《一个绅士底早晨》是《一个俄国产业者小说》计划中的断片。《高加索人》是一部关于高加索的大小说之一部分。伟大的《战争与和平》在作者的思想中是一部时代史诗底开端，《十二月党人》应当是小说底中心。

[2] 朝山者葛利夏，或母亲的死。

们熟识这些幽默和热泪；它们是从狄根司那里来的。在他八十一年底最爱的读物中，托尔斯泰在《日记》中说过是："狄根司底David Copperfield 巨大的影响。"他在高加索时还在重新浏览这部小说。

他自己所说的还有两种影响：史丹尔纳 (Laurence Sterne——十八世纪英国作家) 与多泼浮 (Toeppfer)，"我那时，"他说，"受着他们的感应。"[1]

谁会想到《日内瓦短篇》竟是《战争与和平》底作者底第一个模型呢？可是一经知道，便不难在《童年时代》中找到它们热情而狡猾的纯朴，移植在一个更为贵族的天性中底痕迹。

因此，托尔斯泰在初期，对于群众已是一个曾经相识的面目。但他的个性不久便开始肯定了。不及《童年时代》那么纯粹那么完美的《少年时代》（一八五三），指示出一种更特殊的心理，对于自然底强烈的情操，一颗为狄根司与多泼浮所没有的苦闷的心魂。《一个绅士底早晨》（一八五二年十月）[2] 中，托尔斯泰底性格，观察底大胆的真诚，对于爱底信心，都显得明白地形成了。这短篇小说中，他所描绘的若干农人底出色的肖像已是《民间故

---

[1]　在致皮吕高夫的信中。

[2]　《一个绅士底早晨》在一八五五年——六年间才完成。

事》中最美的描写底发端；例如他的《养蜂老人》[1]在此已可窥见它的轮廓：在桦树底下的矮小的老人，张开着手，眼睛望着上面，光秃的头在太阳中发光，成群的蜜蜂在他周围飞舞，不刺他而在他头顶上环成一座冠冕……

但这时期底代表作却是直接灌注着他当时的情感之作，如：《高加索纪事》。其中第一篇《侵略》（完成於一八五二年十二月二十四日），其中壮丽的景色，尤足动人：在一条河流旁边，在万山丛中底日出；以强烈生动的笔致写出阴影与声音底夜景；而晚上，当积雪的山峰在紫色的雾氛中消失的时候，士兵底美丽的歌声在透明的空气中飘荡。《战争与和平》中的好几个典型人物在此已在尝试着生活了：如克洛泡夫大尉（Capitaine Khlopov）那个真正的英雄，他的打仗，绝非为了他个人的高兴而因为这是他的责任。他是"那些朴实的，镇静的，令人欢喜用眼睛直望着他的俄罗斯人物"中之一员。阴郁的，笨拙的，有些可笑的，从不理会他的周围的一切，在战事中，当大家都改变时，他一个人却不改变；"他，完全如人家一直所见的那样：同样镇静的动作，同样平稳的声调，在天真而阴郁的脸上亦是同样质朴的表情。"在他旁边，一个中尉，扮演着莱蒙多夫（Lermontov）底主人翁，他的本性是善良的，却装做似乎粗野蛮横。还有那可

---

[1] 《两个老人》（一八八五年）。

怜的少尉，在第一仗上高兴得了不得，可爱又可笑的，准备抱着每个人底颈项亲吻的小家伙，愚蠢地死于非命，如贝蒂阿·洛斯多夫 (Pétia Rostov)。在这些景色中，显露出托尔斯泰底面目，冷静地观察着而不参与他的同伴们底思想；他已经发出非难战争的呼声：

"在这如此美丽的世界上，在这广大无垠，星辰密布的天空之下，人们难道不能安适地生活么？在此他们怎能保留着恶毒，仇恨，和毁灭同类底情操？人类心中一切恶的成分，一经和自然接触便应消灭，因为自然是美与善底最直接的表现。"[1]

在这时期观察所得的别的高加索纪事，到了一八五四至一八五五年间才写成，例如《伐木》[2]，一种准确的写实手法，稍嫌冷峻，但充满了关于俄罗斯军人心理底奇特的记载——这是预示未来的记录；一八五六年又写成《在别动队中和一个莫斯科底熟人底相遇》[3]；描写一个失意的上流人物，变成一个放浪的下级军官，懦怯，酗酒，说谎，他甚至不能如他所轻视的士兵一般，具有被杀的意念，他们中最渺小的也要胜过他百倍。

在这一切作品之上，矗立着这第一期山脉底最高峰，托尔斯

---

[1] 《侵略》（全集卷三）。

[2] 全集卷三。

[3] 全集卷四。

泰底最美的抒情小说之一，是他青春底歌曲，亦是高加索底颂诗：《哥萨克》[1]。白雪连绵的群山，在光亮的天空映射着它们巍峨的线条，它们的诗意充满了全书。在天才底开展上，这部小说是独一无二之作，正如托尔斯泰所说的："青春底强有力的神威，永远不能复得的天才底飞跃。"春泉底狂流！爱情底洋溢！

"我爱，我那么爱！……勇士们！善人们！他反复地说，他要哭泣。为什么？谁是勇士？他爱谁？他不大知道。"[2]

这种心灵底陶醉，无限制地流溢着。书中的主人翁，奥莱宁 (Olénine) 和托尔斯泰一样，到高加索来寻求奇险的生活；他迷恋了一个高加索少女，沉浸入种种矛盾的希望中。有时他想："幸福，是为别人生活，牺牲自己"，有时他想："牺牲自己只是一种愚蠢"；于是他简直和高加索底一个老人爱洛加 (Erochka) 同样地想："一切都是值得的。神造出一切都是为了人类底欢乐。没有一件是犯罪。和一个美丽的女子玩不是一桩罪恶而是灵魂得救。"可是又何用思想呢？只要生存便是。生存是整个的善，整个的幸福，至强的，万有的生命："生"即是神。一种狂热的自然主义煽惑而且吞噬他的灵魂。迷失在森林中，"周围尽是野生的草木，无数

---

[1] 虽然这些作品在一八六〇年时才完成，（发刊的时期是一八六三年，）但这部著作中底大部分却在此时写成的。

[2] 《高加索人》（全集卷三）。

的虫鸟，结队的蚊蚋，黝暗的绿翳，温暖而芬芳的空气，在草叶下面到处潜流着浊水，"离开敌人底陷阱极近的地方，奥莱宁"突然感到无名的幸福，依了他童时底习惯，他划着十字，感谢着什么人。"如一个印度底托钵僧一般，他满足地说，他独自迷失在吸引着他的人生底漩涡中，到处潜伏着的无数看不见的生物窥伺着他的死，成千成万的虫类在他周围嗡嗡地互相喊着：

——"这里来，这里来，同伴们！瞧那我们可以刺一下的人！"

"显然他在此不复是一个俄国士绅，莫斯科底社会中人，某人某人底朋友或亲戚，但只是一个生物，如蚊蚋，如雉鸟，如麋鹿，如在他周围生存着徘徊着一切生物一样。

——"他将如它们一般生活，一般死亡。青草在我上面生长。……"

而他的心是欢悦的。

在青春底这一个时间，托尔斯泰生活在对于力，对于人生之爱恋底狂热中。他抓扼自然而和自然融化。是对着自然他发泄他的悲愁，他的欢乐和他的爱情 [1]。但这种浪漫底克的陶醉，从不能淆乱他的清晰的目光。更无别的足以和这首热烈的诗相比，更

[1] 奥莱宁说："也许在爱高加索女郎时，我在她身上爱及自然……在爱她时，我感到自己和自然分离不开。"他时常把他所爱的人与自然作比较。"她和自然一样是平等的，镇静的，沉默的。"此外，他又把远山底景致与"这端丽的女子"相比。

无别的能有本书中若干篇幅底强有力的描写，和真切的典型人物底刻画。自然与人间底对峙，是本书底中心思想，亦是托尔斯泰一生最爱用的主题之一，他的信条之一，而这种对峙已使他找到《克莱采朔拿大》[1]底若干严酷的语调，以指责人间的喜剧。但对于一切他所爱的人，他亦同样的真实；自然界底生物，美丽的高加索女子和他朋友们都受着他明辨的目光烛照，他们的自私，贪婪，狡狯恶习，一一描画无遗。

高加索，尤其使托尔斯泰唤引起他自己生命中所蓄藏的深刻的宗教性。人们对于这真理精神底初次昭示往往不加相当的阐发。他自己亦是以保守秘密为条件才告诉他青春时代底心腹，他的年轻的亚历山大·安特留娜(Alexandra Andrejewna Tolstoï)姑母。在一八五九年五月三日底一封信中，他向她"发表他的信仰"[2]：

"儿时，"他说，"我不加思想，只以热情与感伤而信仰。十四岁时，我开始思虑着人生问题；而因为宗教不能和我的理论调和，我把毁灭宗教当作一件值得赞美的事……于是我一切是明白的，论理的，一部一部分析得很好的；而宗教，却并没安插它的地位……以后，到了一个时期，人生于我已毫无秘密，但在那时起，人生亦开始丧失了它的意义。那时候——这是在高加索——

---

[1] 奥莱宁在致他的俄罗斯友人们底信中便有此等情调。

[2] 原文即法文。

我是孤独的，苦恼的。我竭尽我所有的精神力量，如一个人一生只能这样地作一次的那样。……这是殉道的与幸福的时期。从来（不论在此时之前或后）我没有在思想上达到那样崇高的地位，我不曾有如这两年中的深刻的观察，而那时我所找到的一切便成为我的信念……在这两年底持久的灵智工作中，我发现一条简单的，古老的，但为我是现在才知道而一般人尚未知道的真理；我发见人类有一点不朽性，有一种爱情，为要永久幸福起见，人应当为了别人而生活，这些发见使我非常惊讶，因为它和基督教相似；于是我不复向前探寻而到圣经中去求索了。但我找不到什么东西。我既找不到神，亦找不到救主，更找不到圣典，什么都没有……但我竭尽我灵魂底力量寻找，我哭泣，我痛苦，我只是欲求真理……这样，我和我的宗教成为孤独了。"

在信末，他又说：

"明白了解我啊！……我认为，没有宗教，人是既不能善，亦不能幸福；我愿占有它较占有世界上任何东西都更牢固；我觉得没有它我的心会枯萎……但我不信仰。为我，是人生创造了宗教，而非宗教创造人生……我此时感到心中那么枯索，需要一种宗教。神将助我。这将会实现……自然对于我是一个引路人，它能导引我们皈依宗教，每人有他不同而不认识的道路；这条路，只有在每人底深刻处才能找到它……"

六

一八五三年十一月，俄罗斯向土耳其宣战。托尔斯泰初时在罗马尼亚军队中服务，以后又转入克里米军队，一八五四年十一月七日，他到塞白斯多堡 (Sébastopol)。他胸中燃烧着热情与爱国心。他勇于尽责，常常处于危险之境，尤其在一八五五年四月至五月间，他三天中轮到一天在第四棱堡底炮台中服务。

成年累月地生活于一种无穷尽的紧张与战栗中，和死正对着，他的宗教的神秘主义又复活了。他和神交谈着。一八五五年四月，他在《日记》中记有一段祷文，感谢神在危险中保护他并请求他继续予以默佑，"以便达到我尚未认识的，生命底永恒的与光荣的目的……"他的这个生命底目的，并非是艺术，而已是宗教。一八五五年三月五日，他写道：

"我已归结到一个伟大的思想，在实现这思想上，我感到可以把我整个的生涯奉献给它。这思想，是创立一种新宗教，基督底宗教，但其教义与神秘意味是经过澄清的……用极明白的意识来行动，以便把宗教来结合人类。"[1]

这将是他暮年时底问题。

可是，为了要忘掉眼前的情景起见，他重新开始写作。在枪林弹雨之下，他怎么能有必不可少的精神上的自由来写他的回忆录底第三部《青年时代》？那部书是极混沌的：它的紊乱，及其抽象分析底枯索，如斯当达 (Stendhal) 式的层层推进的解剖[2]，大抵是本书诞生时底环境造成的。但一个青年底头脑中所展演的模糊的幻梦与思想，他竟有镇静深刻的探索，亦未始不令人惊叹。作品显得对于自己非常坦率。而在春日底城市写景，忏悔的故事，为了已经遗忘的罪恶而奔往修道院去底叙述中，又有多少清新的诗意！一种热烈的泛神论调，使他书中若干部分含有一种抒情的美，其语调令人回想起《高加索纪事》。例如这幅夏夜底写景：

"新月发出它沉静的光芒。池塘在闪耀。老桦树底茂密的枝叶，一面在月光下显出银白色，另一面，它的黑影掩蔽着棘丛与大路。鹌鹑在塘后鸣噪。两棵老树互相轻触底声息，不可闻辨。

---

[1] 《日记》。

[2] 在同时代完成的《伐木》一著中，亦有此等方式。例如："爱有三种：一、美学的爱；二、忠诚的爱；三、活跃的爱；等等。"（《青年时代》）——或如："兵有三种：一、服从的；二、横暴的；三、伪善的，——他们更可分为：A. 冷静的服从者；B. 逢迎的服从者；C. 酗酒的服从者，等等。"（见《伐木》。）

蚊蝇嗡嗡，一只苹果堕在枯萎的落叶上，青蛙一直跳上阶石，绿色的背在月下发光……月渐渐上升悬在天空，普照宇宙；池塘底光彩显得更明亮；阴影变得更黝黑，光亦愈透明……而我，微贱的虫蛆，已经沾染着一切人间的热情，但因了爱情底巨力，这时候，自然，月，和我，似乎完全融成一片。"[1]

但当前的现实，在他心中较之过去的梦景更有力量；它迫使他注意。《青年时代》，因此没有完成；而这位伯爵雷翁·托尔斯泰中队副大尉，在棱堡底障蔽下，在隆隆的炮声中，在他的同伴间，观察着生人与垂死者，在他的不可磨灭的《塞白斯多堡纪事》中写出他们的和他自己的凄怆。

这三部纪事——《一八五四年十二月之塞白斯多堡》《一八五五年五月之塞白斯多堡》《一八五五年八月之塞白斯多堡》——往常是被人笼统地加以同一的来批判的。但它们实在是十分歧异的。尤其是第二部，在情操上，在艺术上，与其他二部不同。第一第三两部被爱国主义统治着；第二部则含有确切不移的真理。

据说俄后读了第一部纪事[2]之后，不禁为之下泪，以至俄皇在惊讶叹赏之中下令把原著译成法文，并令把作者移调，离开危

---

[1] 《青年时代》第三十二章（全集卷二）。

[2] 寄给 Sovrémennik 杂志，立刻被发表了。

险区域。这是我们很能了解的。在此只有鼓吹爱国与战争的成分。托尔斯泰入伍不久；他的热情没有动摇；他沉溺在英雄主义中。他在卫护塞白斯多堡的人中还未看出野心与自负心，还未窥见任何卑鄙的情操。对于他，这是崇高的史诗，其中的英雄"堪与希腊底媲美"。此外，在这些纪事中，毫无经过想象方面的努力底痕迹，毫无客观表现底试练；作者只是在城中闲步；他以清明的目光观看，但他讲述的方式，却太拘谨："你看……你进入……你注意……"这是巨帙的新闻记录加入对于自然底美丽的印象作为穿插。

第二幕情景是全然不同的:《一八五五年五月之塞白斯多堡》。篇首，我们即读到:

"千万的人类自尊心在这里互相冲撞，或在死亡中寂灭……"

后面又说:

"……因为人是那么多，故虚荣亦是那么多……虚荣，虚荣，到处是虚荣，即是在墓门前面！这是我们这世纪底特殊病……为何荷马与莎士比亚时之一辈谈着爱，光荣与痛苦，而我们这世纪底文学只是虚荣者和趋崇时尚之徒底无穷尽的故事呢？"

纪事不复是作者底简单的叙述，而是直接使人类与情欲角逐，暴露英雄主义底背面。托尔斯泰犀利的目光在他同伴们底心底探索；在他们心中如在他自己心中一样，他看到骄傲，恐惧，死在临头尚在不断地演变的世间的喜剧。尤其是恐惧被他确切认明了，被他揭除了面幕，赤裸裸地发露了。这无穷的危惧[1]，这畏死的情操，被他毫无顾忌，毫无怜惜地剖解了，他的真诚竟至可怕的地步。在塞白斯多堡，托尔斯泰底一切的感伤情调尽行丧失了，他轻蔑地指为"这种浮泛的，女性的，只知流泪的同情"。他的分析天才，在他少年时期已经觉醒，有时竟含有病态[2]，但这项天才，从没有比描写泼拉斯古几纳 (Praskhoukhine) 之死达到更尖锐，更富幻想的强烈程度。当炸弹堕下而尚未爆烈的一秒钟内，不幸者底灵魂内所经过的情景，有整整两页底描写，——另外一页是描写当炸弹爆烈之后，"都受着轰击马上死了"[3]，这一刹那间底胸中的思念。

　　仿如演剧时休息期间底乐队一般，战场底景色中展开了鲜明的大自然，阴云远去，豁然开朗，而在成千成万的人呻吟转侧的庄严的沙场上，发出白日底交响乐，于是基督徒托尔斯泰，忘记了他第一部叙述中的爱国情调，诅咒那违叛神道的战争：

---

[1]　许多年以后，托尔斯泰重复提及这时代底恐惧。他和他的朋友 Téneromo 述及他有一夜睡在壕沟掘成的卧室中恐怖到极点的情景。

[2]　稍后，Droujinine 友谊地叮嘱他当心这危险："你倾向于一种极度缜密的分析精神；它可以变成一个大缺点。有时，你竟会说出：某人底足踝指出他有往印度旅行底欲愿……你应当抑制这倾向，但不要无缘无故地把它完全阻塞了。"（一八五六年书）

[3]　全集卷四，第八二——八五页。

"而这些人，这些基督徒，——在世上宣扬伟大的爱与牺牲底律令的人，看到了他们所做的事，在赐予每个人底心魂以畏死的本能与爱善爱美的情操底神前，竟不跪下忏悔！他们竟不流着欢乐与幸福的眼泪而互相拥抱，如同胞一般！"

在结束这一短篇时，——其中的惨痛的语调，为他任何别的作品所尚未表现过的，——托尔斯泰怀疑起来。也许他不应该说话的？

"一种可怕的怀疑把我压抑着。也许不应当说这一切。我所说的，或即是恶毒的真理之一，无意识地潜伏在每个人底心魂中，而不应当明言以致它成为有害，如不当搅动酒糟以免弄坏了酒一样。哪里是应当避免去表白的罪恶？哪里是应当模仿的，美底表白？谁是恶人谁是英雄？一切都是善的，一切亦都是恶的……"

但他高傲地镇定了：

"我这短篇小说中的英雄，为我全个心魂所爱的，为我努力表现他全部的美的，他不论在过去，现在或将来，永远是美的，这即是真理本身。"

读了这几页[1]，Sovrémennik 杂志底主编纳克拉查夫（Nekrasov）写信给托尔斯泰说：

"这正是今日俄国社会所需要的：真理，真理自高果尔死后

---

[1] 这几页是被检查处禁止刊载的。

俄国文学上所留存极少的……你在我们的艺术中所提出的真理对于我们完全是新的东西。我只怕一件：我怕时间，人生底懦怯，环绕我们的一切昏瞆痴聋会把你收拾了，如收拾我们中大半的人一样，——换言之，我怕它们会消灭你的精力。"[1]

可是不用怕这些。时间会消磨常人底精力，对于托尔斯泰，却更加增他的精力。但即在那时，严重的国难，塞白斯多堡底失陷，使他在痛苦的虔敬的情操中悔恨他的过于严正的坦白。他在第三部叙述——《一八五五年八月之塞白斯多堡》——中，讲着两个以赌博而争吵的军官时，他突然中止了叙述，说：

"但在这幅景象之前赶快把幕放下罢。明日，也许今天，这些人们将快乐地去就义。在每个人底灵魂中，潜伏着高贵的火焰，有一天会使他成为一个英雄。"

这种顾虑固然没有丝毫减弱故事底写实色彩，但人物底选择已可相当地表现作者底同情了。玛拉谷夫 (Malakoff) 底英雄的事迹和它的悲壮的失陷，便象征在两个动人的高傲的人物中：这是弟兄俩，哥哥名叫高蔡尔查夫 (Kozeltzov) 大佐，和托尔斯泰颇有相似之处 [2]，另外一个是伏洛第阿 (Volodia) 旗手，胆怯的，热

---

[1]　一八五五年九月二日书。

[2]　"他的自尊心和他的生命融和在一起了；他看不见还有别的路可以选择：不是富有自尊心便是把自己毁灭……他爱在他举以和自己相比的人中成为具有自尊心的人物。"

情的，狂乱的独白，种种的幻梦，温柔的眼泪，无缘无故会淌出来的眼泪，怯弱的眼泪，初入棱堡时底恐怖，（可怜的小人儿还怕黑暗，睡眠时把头藏在帽子里，）为了孤独和别人对他的冷淡而感到苦闷，以后，当时间来到，他却在危险中感到快乐。这一个是属于一组富有诗意的面貌底少年群的，（如《战争与和平》中的贝蒂阿和《侵略》中的少尉，）心中充满了爱，他们高兴地笑着去打仗，突然莫名其妙地在死神前折丧了。弟兄俩同日——守城底最后一天——受创死了。那篇小说便以怒吼着爱国主义底呼声的句子结束了：

"军队离开了城。每个士兵，望着失守的塞白斯多堡，心中怀着一种不可辨别的悲苦，叹着气把拳头向敌人遥指着。"[1]

---

[1] 一八八九年，托尔斯泰为 A.-J.Erchov 底《一个炮队军官底塞白斯多堡回忆录》作序时重新在思想上追怀到这些情景。一切带有英雄色彩的往事都消失了。他只想起七日七夜底恐怖，——双重的恐怖：怕死又是怕差——可怕的精神苦痛。一切守城底功勋，为他是："曾经做过炮铳上的皮肉"。

七

从这地狱中出来，——在一年中他触到了情欲，虚荣与人类痛苦底底蕴——一八五五年十一月，托尔斯泰周旋于圣彼得堡底文人中间，他对于他们感着一种憎恶与轻蔑。他们的一切于他都显得是卑劣的，谎骗的。从远处看，这些人似乎是在艺术底光威中的人物——即如屠克涅夫，他所佩服而最近把他的《伐木》题赠给他的，——近看却使他悲苦地失望了。一八五六年时代底一幅肖像，正是他处于这个团体中时的留影：屠克涅夫 (Tourgueniev)，龚却洛夫 (Gontcharov)，奥斯脱洛夫斯基 (Ostrovsky)，葛利高洛维区 (Grigorovitch)，特罗奚宁 (Droujinine)。在别人那种一任自然的态度旁边，他的禁欲的，严峻的神情，骨骼嶙露的头，深凹的面颊，僵直地交叉着的手臂，显得非常触目。穿着军服，立在这些文学家后面，正如舒亚莱所写说："他不似参与这集团，更象是看守这些人物。竟可说他准备着把他们押送到监狱中去的样子。"[1]

---

[1] 舒亚莱著：《托尔斯泰》（一八九九年出版）。

可是大家都恭维这初来的年轻的同道：他是拥有双重的光荣：作家兼塞白斯多堡底英雄。屠克涅夫在读着塞白斯多堡底各幕时哭着喊Hourra的，此时亲密地向他伸着手，但两人不能谅解。他们固然具有同样清晰的目光，他们在视觉中却灌注入两个敌对的灵魂色彩：一个是幽默的，颤动的，多情的，幻灭的，迷恋美的；另一个是强项的，骄傲的，为着道德思想而苦闷的，孕育着一个尚在隐蔽之中的神道的。

托尔斯泰所尤其不能原谅这些文学家的，是他们自信为一种优秀阶级，自命为人类底首领。在对于他们的反感中，他仿佛如一个贵族，一个军官对于放浪的中产阶级与文人那般骄傲[1]。还有一项亦是他的天性的特征，——他自己亦承认，——便是"本能地反对大家所承认的一切判断"[2]。对于人群表示猜疑，对于人类理性，含藏着幽密的轻蔑，这种性情使他到处发觉自己与他人的欺罔及谎骗。

"他永远不相信别人底真诚。一切道德的跃动于他显得是虚伪的。他对于一个为他觉得没有说出实话的人，惯用他非常深入

---

[1] 在某次谈话中，屠克涅夫埋怨"托尔斯泰对于贵族出身底无聊的骄傲与自大"。

[2] "我的一种性格，不论是好是坏，但为我永远具有的，是：我不由自主地老是反对外界的带有传染性的影响：我对于一般的潮流感着厌恶。"（致皮吕高夫书）

的目光逼视着他……"[1]

"他怎样的听着！他用深陷在眼眶里的灰色的眼睛怎样的直视着他的对手！他的口唇抿紧着，用着何等的讥讽的神气！"[2]

"屠格涅夫说，他从没有感得比他这副尖锐的目光，加上二三个会令人暴跳起来的恶毒的辞句，更难堪的了。"[3]

托尔斯泰与屠克涅夫第一次会见时即发生了剧烈的冲突[4]。远离之后，他们都镇静下来努力要互相表示公道。但时间只使托尔斯泰和他的文学团体分隔得更远。他不能宽恕这些艺术家一方面过着堕落的生活，一方面又宣扬什么道德。

"我相信差不多所有的人，都是不道德的，恶的，没有品性的，

---

[1] 屠克涅夫语。

[2] 葛利高洛维区语。

[3] 于也纳·迦尔希纳著：《关于屠格涅夫底回忆》（一八八三年）。参看皮吕高夫著：《托尔斯泰——生活与作品》。

[4] 一八六一年，两人发生最剧烈的冲突，以致终生不和。屠克涅夫表示他的泛爱人间的思想，谈着他的女儿所干的慈善事业。可是对于托尔斯泰，再没有比世俗的浮华的慈悲使他更愤怒的了：——"我想，"他说，"一个穿装得很考究的女郎，在膝上拿着些龌龊的破衣服，不啻是扮演缺少真诚性的喜剧。"争辩于以发生。屠克涅夫大怒，威吓托尔斯泰要批他的颊。托尔斯泰勒令当时便用手枪决斗以赔偿名誉。屠克涅夫就后悔他的卤莽，写信向他道歉。但托尔斯泰绝不原谅。却在二十年之后，在一八七八年，还是托尔斯泰忏悔着他过去的一切。在神前捐弃他的骄傲，请求屠克涅夫宽恕他。

比我在军队流浪生活中所遇到的人要低下得多。而他们竟对自己很肯定，快活，好似完全健全的人一样。他们使我憎厌。"[1]

他和他们分离了。但他在若干时期内还保存着如他们一样的对于艺术的功利观念[2]。他的骄傲在其中获得了满足。这是一种酬报丰富的宗教；它能为你挣得"女人，金钱，荣誉……"

"我曾是这个宗教中的要人之一。我享有舒服而极有利益的地位……"

为要完全献身给它，他辞去了军队中的职务（一八五六年十一月）。

但象他那种性格的人不能长久闭上眼睛的。他相信，愿相信进步。他觉得"这个名辞有些意义"。到外国旅行了一次——一八五七年正月二十九日起至七月三十日止，法国，瑞士，德国——这个信念亦为之动摇了[3]。一八五七年四月六日，在巴黎看到执行死刑的一幕，指示出他"对于进步底迷信亦是空虚的……"

"当我看到头从人身上分离了滚到篮中去的时候，在我生命

[1]　《忏悔录》，全集卷十九。

[2]　"在我们和疯人院间，他说，绝无分别。即在那时，我已模糊地猜度过；但和一切疯人一样，我把每个人都认为是疯子，除了我。"（同前）

[3]　参看这时期，他给他年青的亚历山大·托尔斯泰姑母底信，那么可爱，充满着青年底蓬勃之气。

底全力上，我懂得现有的维持公共治安的理论，没有一条足以证明这种行为底合理。如果全世界的人，依据着若干理论，认为这是必需的，我，我总认为这是不应该的，因为可以决定善或恶的，不是一般人所说的和所做的，而是我的心。"[1]

一八五七年七月七日，在吕赛纳 (Lucerne) 看见寓居 Schweizerhof 的英国富翁不愿对一个流浪的歌者施舍，这幕情景使他在《奈克吕杜夫亲王日记》[2] 上写出他对于一切自由主义者底幻想，和那些"在善与恶底领域中唱着幻想的高调的人"底轻蔑。

"为他们，文明是善；野蛮是恶；自由是善；奴隶是恶。这些幻想的认识却毁灭了本能的，原始的最好的需要。而谁将和我确言何谓自由，何谓奴隶，何谓文明，何谓野蛮？那里善与恶才不互存并立呢？我们只有一个可靠的指引者，便是鼓励我们互相亲近的普在的神灵。"

回到俄罗斯，到他的本乡伊阿斯拿耶，他重新留意农人运动[3]。这并非是他对于民众已没有什么幻想。他写道：

---

[1] 《忏悔录》。

[2] 《奈克吕杜夫亲王日记》（写于吕赛纳地方），全集卷五。

[3] 从瑞士直接回到俄罗斯时，他发见"在俄国的生活是一桩永久的痛苦！……""在艺术，诗歌与友谊底世界内有一个托庇之所是好的。在此，没有一个人感到惶乱……我孤独着，风在吹啸；外面天气严寒，一切都是脏的，

"民众底宣道者徒然那么说，民众或许确是一般好人底集团；然而他们，只在庸俗，可鄙的方面，互相团结，只表示出人类天性中的弱点与残忍。"[1]

因此他所要启示的对象并非是群众，而是每人底个人意识，而是民众底每个儿童底意识。因为这里才是光明之所在。他创办学校，可不知道教授什么。为学习起见，自一八六○年七月三日至一八六一年四月二十三日第二次旅行欧洲[2]。

他研究各种不同的教育论。不必说他把这些学说一齐摒斥了。在马赛的两次逗留使他明白真正的民众教育是在学校以外完成的，——学校于他显得是可笑的——如报纸，博物院，图书馆，街道，生活，一切为他称为"无意识的"或"自然的"学校。强迫的学校是他认为不祥的，愚蠢的；故当他回到伊阿斯拿耶·波里阿那时，他要创立而试验的即是自然的学校[3]。自

我可怜地奏着贝多芬底一曲 Andante；用我冻僵的手指，我感动地流泪；或者我读着《伊里亚特》，或者我幻想着男人，女人，我和他们一起生活；我在纸上乱涂，或如现在这样，我想着亲爱的人……"（致亚历山大·托尔斯泰伯爵夫人书——一八五七年八月十八日）

[1]　《奈克昌杜夫亲王日记》。

[2]　这次旅行中他结识了 d'Auerbach（在德国 Dresde），他是第一个感应他去作民众教育的人；在 Kissingen 结识 Froebel；在伦敦结识 Herzen，在比京结识 Proudhon，似乎给他许多感应。

[3]　尤其在一八六一——二年间。

由是他的原则。他不答应一般特殊阶级，"享有特权的自由社会，"把他的学问和错误，强使他所全不了解的民众学习。他没有这种权利。这种强迫教育底方法，在大学里，从来不能产生，"人类所需要的人，而产生了堕落社会所需要的人：官吏，官吏式的教授，官吏式的文学家，还有若干毫无目的地从旧环境中驱逐出来的人——少年时代已经骄傲惯了，此刻在社会上亦找不到他的地位，只能变成病态的，骄纵的自由主义者。"[1] 应当由民众来说出他们的需要！如果他们不在乎"一般知识分子强令他们学习的读与写底艺术"，他们也自有他们的理由：他有较此更迫切更合理的精神的需要。试着去了解他们，帮助他们满足这些需求！

这是一个革命主义者的保守家底理论，托尔斯泰试着要在伊阿斯拿耶作一番实验，他在那里不象是他的学生们底老师而更似他们的同学 [2]。同时，他努力在农业垦殖中引入更为人间的精神。一八六一年被任为 Krapivna 区域底地方仲裁人，他在田主与政府滥施威权之下成为民众保护人。

但不应当相信这社会活动已使他满足而占据了他整个的身

---

[1]　《教育与修养》——参看《托尔斯泰——生活与作品》卷二。

[2]　托尔斯泰于伊阿斯拿耶·波里阿那杂志中发表他的理论（一八六二年），全集卷十三。

心。他继续受着种种敌对的情欲支配。虽然他竭力接近民众，他仍爱，永远爱社交，他有这种需求。有时，享乐底欲望侵扰他；有时，一种好动底性情刺激他。他不惜冒了生命之险去猎熊。他以大宗的金钱去赌博。甚至他会受他瞧不起的圣彼得堡文坛底影响。从这些歧途中出来，他为了厌恶，陷于精神狂乱。这时期底作品便不幸地具有艺术上与精神上的犹疑不定的痕迹。《两个轻骑兵》（一八五六年）[1] 倾向于典雅，夸大，浮华的表现，在托尔斯泰底全体作品中不相称的。一八五七年在法国第雄写的《亚尔培》[2]，是疲弱的，古怪的，缺少他所惯有的深刻与确切。《记数人日记》（一八五六年）[3] 更动人，更早熟，似乎表白托尔斯泰对于自己底憎恶。他的化身，奈克吕杜夫亲王，在一个下流的区处自杀了：

"他有一切：财富，声望，思想，高超的感应；他没有犯过什么罪，但他做了更糟的事情：他毒害了他的心，他的青春；他迷失了，可并非为了什么剧烈的情欲，只是为了缺乏意志。"

死已临头也不能使他改变：

"同样奇特的矛盾，同样的犹豫，同样的思想上底轻佻……"

---

[1]　全集卷四。

[2]　全集卷五。

[3]　同前。

死……这时代，它开始缠绕着托尔斯泰底心魂。在《三个死者》（一八五八——九）[1] 中，已可预见《伊凡·伊列区之死》一书中对于死底阴沉的分析，死者底孤独，对于生人底怨恨，他的绝望的问句："为什么。"《三个死者》——富妇，痨病的老御者，斫断的桦树——确有他们的伟大；肖像刻划得颇为逼真，形象也相当动人，虽然这作品底结构很松懈，而桦树之死亦缺少加增托尔斯泰写景底美点的确切的诗意。在大体上，我们不知他究竟是致力于为艺术的艺术抑是具有道德用意的艺术。

托尔斯泰自己亦不知道。一八五九年二月十四日，在莫斯科底俄罗斯文学鉴赏人协会底招待席上，他的演辞是主张为艺术而艺术 [2]；倒是该会会长戈米阿谷夫 (Khomiakov)，在向"这个纯艺术的文学底代表"致敬之后，提出社会的与道德的艺术和他抗辩 [3]。

一年之后，一八六〇年九月十九日，他亲爱的哥哥，尼古拉，在伊哀尔 (Hyères) 地方患肺病死了 [4]，这噩耗使托尔斯

---

[1] 全集卷六。

[2] 演辞底题目是：《论文学中艺术成分优于一切暂时的思潮》。

[3] 他提出托尔斯泰自己底作品《三个死者》作为抗辩底根据。

[4] 托尔斯泰底另一个兄弟 Dmitri 已于一八五六年患肺病而死了，一八五六，一八六二，一八七一诸年，托尔斯泰自以为亦染着了。他是，如他于一八五二年十月二十八日所写的"气质强而体质弱"的人，他老是患着

泰大为震惊，以至"摇动了他在善与一切方面的信念"，使他唾弃艺术：

"真理是残酷的……无疑的，只要存在着要知道真理而说出真理的欲愿，人们便努力要知道而说出。这是我道德概念中所留存的唯一的东西。这是我将实行的唯一的事物，可不是用你的艺术。艺术，是谎言，而我不能爱美丽的谎言。"[1]

然而，不到六个月之后，他在《波里哥区加(Polikouchka)》[2]一书当中重复回到"美丽的谎言"，这或竟是，除了他对于金钱和金钱底万恶能力的诅咒外，道德用意最少的作品，纯粹为着艺

牙痛，喉痛，眼痛，骨节痛。一八五二年在高加索时，他"至少每星期二天必须留在室内。"一八五四年，疾病使他在从 Silistrie 到 Sébastopol 的途中耽搁了几次。一八五六年，他在故乡患肺病甚重。一八六二年，为了恐怕肺痨之故，他赴萨玛拉地方疗养。自一八七〇年后，他几乎每年要去一次。他和法德 (Fet) 底通信中充满了这些关于疾病底事情。这种健康时时受损的情景，令人懂得他对于死底憧憬。以后，他讲起他的病，好似他的最好的友人一般："当一个人病时，似乎在一个平坦的山坡上往下走，在某处，障着一层极轻微的布幕：在幕底一面是生，那一面是死。在精神的价值上，病的状态比健全的状态是优越得多了，不要和我谈起那些没患过病的人们：他们是可怕的,尤其是女子！一个身体强壮的女子，这是一头真正犷野的兽类！"(与鲍阿依哀底谈话，见一九〇一年八月二十七日巴黎《时报》。)

[1] 一八六〇年十月十七日致法德书。

[2] 一八六一年写于比京白鲁塞尔。

术而写的作品；且亦是一部杰作，我们所能责备它的，只有它过于富丽的观察，足以写一部长篇小说的太丰盛的材料，和诙谐的开端与太严肃的转纽间的过于强烈，微嫌残酷的对照 [1]。

---

[1]　同时代底另一篇短篇小说，一篇简单的游记，名字叫做《雪底苦闷》（一八五六年），描写他个人底回忆，具有一种极美的诗的印象，简直是音乐般的。其中的背景，一部分又为托尔斯泰移用在《主与仆》（一八九五年）一书中。

八

这个过渡时期内，托尔斯泰底天才在摸索，在怀疑自己，似乎在不耐烦起来，"没有强烈的情欲，没有主宰一切的意志，"如《记数人日记》中的奈克吕杜夫亲王一般，可是在这时期中产生了他迄今为止从未有过的精纯的作品：《夫妇间的幸福》（一八五九年）[1]。这是爱情底奇迹。

许多年来，他已经和裴尔斯 (Bers) 一家友善。他轮流地爱过她们母女四个 [2]。后来他终于确切地爱上了第二个女郎。但他不敢承认。苏菲·安特莱伊佛娜·裴尔斯 (Sophie Andréievna Bers) 还是一个孩子：她只十七岁；他已经三十余岁：自以为是一个老人，已没有权利把他衰惫的，污损的生活和一个无邪少女底生活结合了。他隐忍了三年 [3]。以后，他在《安娜小史》中

---

[1]　全集卷五。

[2]　童时，在一次嫉妒的争执中，他把他的游戏的伴侣，——未来的裴尔斯夫人，那时只有九岁，从阳台上推下，以致她在长久的时期内成为跛足。

[3]　参看《夫妇间的幸福》中塞尔越 (Serge) 底倾诉："假定一位先生 A，一个相当地生活过了的老人，一个女子 B，年轻的，既不认识男子亦不认识

讲述他怎样对苏菲·裴尔斯宣露他的爱情和她怎样回答他的经过，——两个人用一块铅粉，在一张桌子上描划他们所不敢说的言辞底第一个字母。如《安娜小史》中底莱维纳 (Lévine) 一般，他的极端的坦白，使他把《日记》给与他的未婚妻浏览，使她完全明了他过去的一切可羞的事；亦和《安娜小史》中底凯蒂 (Kitty) 一样，苏菲为之感到一种极端的痛苦。一八六二年九月二十三日，他们结婚了。

但以前的三年中，在写《夫妇间的幸福》时，这婚姻在诗人思想上已经完成了 [1]。在这三年内，他在生活中早已体验到：爱情尚在不知不觉间的那些不可磨灭的日子，爱情已经发露了的那些醉人的日子，期待中的神圣幽密的情语吐露的那时间。为了"一去不回的幸福"而流泪的时间，还有新婚时的得意，爱情的自私，"无尽的，无故的欢乐"；接着是厌倦，模模糊糊的不快，单调生活底烦闷，两颗结合着的灵魂慢慢地分解了，远离了，更有对于少妇含有危险性的世俗的迷醉，——如卖弄风情，嫉妒，无可挽救的误会——于是爱情掩幂了，丧失了；终于，心底秋天来了，

人生。由于种种家庭底环境，他如爱女儿一般地爱她，想不能用另一种方式去爱她……"

[1] 在这部作品中，也许他还加入若干回忆；一八五六年他在伊阿斯拿耶写过一部爱情小说没有完成，其中描写一个和他十分不同的少女，十分轻佻与浮华的，为他终于放弃了的，虽然他们互相真诚地爱恋。

温柔的，凄凉的景况，重现的爱情底面目变得苍白无色，衰老了，因了流泪，皱痕，各种经历底回忆；互相损伤底追悔，虚度的岁月而更凄恻动人；——以后便是晚间底宁静与清明，从爱情转到友谊，从热情的传奇生活转到慈祥的母爱底这个庄严的阶段……应当临到的一切，一切，托尔斯泰都已预先梦想到，体味到。而且为要把这一切生活得更透彻起见，他便在爱人身上实验。第一次——也许是托尔斯泰作品中唯一的一次，——小说底故事在一个妇人心中展演，而且由她口述。何等的微妙！笼罩着贞洁之网的心灵底美……这一次，托尔斯泰底分析放弃了他微嫌强烈的光彩，它不复热烈地固执着要暴露真理。内心生活底秘密不是倾吐出来而唯令人窥测得到。托尔斯泰底艺术与心变得柔和了。形式与思想获得和谐的均衡：《夫妇间的幸福》具有一部拉西纳式作品底完美。

婚姻，为托尔斯泰已深切地预感到它的甜蜜与骚乱的，确是他的救星。他是疲乏了，病了。厌弃自己，厌弃自己的努力。在最初诸作获得盛大的成功之后，继以批评界底沉默与群众底淡漠[1]。高傲地，他表示颇为得意。

"我的声名丧失了不少的普遍性，这普遍性原使我不快。现在，我放心了，我知道我有话要说，而我有大声地说的力量。至

----

[1] 自一八五七至一八六一年。

于群众，随便他们怎样想罢！" [1]

但这只是他的自豪而已：他自己也不能把握他的艺术。无疑的，他能主宰他的文学工具；但他不知用以做什么。象他在谈及《波利谷加》时所说的："这是一个会执笔的人抓着一个题目随便饶舌" [2]。他的社会事业流产了，一八六二年，他辞去了地方仲裁人底职务。同年，警务当局到伊阿斯拿耶·波里阿那大事搜索，把学校封闭了。那时托尔斯泰正不在家，因为疲劳过度，他担心着肺病。

"仲裁事件底纠纷为我是那么难堪，学校底工作又是那么空泛，为了愿教育他人而要把我应该教授而为我不懂得的愚昧掩藏起来，所引起的怀疑，于我是那么痛苦，以至我病倒了。如果我不知道还有人生底另一方面可以使我得救的话——这人生底另一方面便是家庭生活。也许我早已陷于十五年后所陷入的绝望了。" [3]

---

[1]　一八五七年十月《日记》。

[2]　一八六三年致法德书（《托尔斯泰——生活与作品》）。

[3]　《忏悔录》。

九

最初，他尽量享受这家庭生活，他所用的热情恰似他在一切事情上所用的一般[1]。托尔斯泰伯爵夫人在他的艺术上发生非常可贵的影响，富有文学天才[2]，她是如她自己所说的，"一个真正的作家夫人"，对于丈夫底作品那么关心。她和他一同工作，把他口述的笔录下来，誊清他的草稿[3]。她努力保卫他，不使他受着他宗教魔鬼底磨难，这可怕的精灵已经不时在唆使他置艺术于死地。她亦努力把他的社会乌托邦关上了门[4]。她温养着他的创造天才，她且更进一步：她的女性心灵使这天才获得新的富源。除了《童年时代》与《少年时代》中若干美丽的形象之外，托尔斯泰初期作品中几乎没有女人底地位，即或有之，亦只站在次要

---

[1] "家庭底幸福把我整个地陶融了。"（一八六三年正月五日）——"我多么幸福，幸福！我那样爱她！"（一八六三年二月八日）——见《托尔斯泰——生活与作品》。

[2] 她曾写过几篇短篇小说。

[3] 据说她替托尔斯泰把《战争与和平》重誊过七次。

[4] 结婚之后，托尔斯泰立刻停止了他的教育学工作，学校，杂志全部停了。

的后景。在苏菲·裴尔斯底爱情感应之下写成的《夫妇间的幸福》中，女人显现了。在以后的作品中，少女与妇人底典型增多了。具有丰富热烈的生活，甚至超过男子底。我们可以相信，托尔斯泰伯爵夫人，不独被她的丈夫采作《战争与和平》中娜太夏(Natacha)[1]与《安娜小史》中凯蒂底模型，而且由于她的心腹底倾诉，和她特殊的视觉，她亦成为他的可贵的幽密的合作者。《安娜小史》中有若干篇幅 [2]，似乎完全出于一个女子底手笔。

　　由于这段婚姻底恩泽，在十年或十五年中，托尔斯泰居然体味到久已没有的和平与安全 [3]。于是，在爱情底荫庇之下，他能

---

[1]　他的妹子太蒂亚娜（Tatiana），聪明的，具有艺术天才，托尔斯泰极赞赏她的思想与音乐天禀；在本书底女性人物中，托尔斯泰亦把她作为模型。托尔斯泰说过："我把 Tania(Tatiana) 和 Sonia (Sophie Bers ——即托尔斯泰伯爵夫人) 混合起来便成了娜太夏。"（据皮吕高夫所述）

[2]　例如陶丽 (Dolly) 在乡间别墅中的布置；——陶丽与她的孩子们；——许多化妆上的精细的描写；——更不必说女性心灵底若干秘密，如果没有一个女子指点，一个天才的男子决不能参透。

[3]　这是托尔斯泰底天才获得解放的重要标识。他的日记，自一八六五年十一月一日专心写作《战争与和平》底时代起停止了十三年。艺术的自私使良心底独白缄默了。——这个创作底时代亦是生理上极强壮的时代。托尔斯泰发狂一般地爱狩猎。"在行猎时，我遗忘一切"（一八六四年书信）。——某一次乘马出猎时，他把手臂撞折了（一八六四年九月），即在这次病愈时，他读出《战争与和平》底最初几页令夫人为他写下。——"从昏晕中醒转，我自己说：我是一个艺术家。是的，只是一个孤独的艺术家。"（一八六五

在闲暇中梦想而且实现了他的思想底杰作，威临着十九世纪全部小说界底巨著：《战争与和平》和《安娜小史》（一八七三——一八七七）。

《战争与和平》是我们的时代底最大的史诗，是近代的《伊里亚特》。整个世界底无数的人物与热情在其中跃动。在波涛汹涌的人间，矗立着一颗最崇高的灵魂，宁静地鼓动着并震慑着狂风暴雨。在对着这部作品冥想的时候，我屡次想起荷马与歌德，虽然精神与时代都不同，这样我的确发见在他工作的时代托尔斯泰底思想得力于荷马与歌德[1]。而且，在他规定种种不同的文学品类的一八六五年底记录中，他把《奥第赛》《伊里亚特》《一八

年正月二十三日致法德书）这时期中写给法德的一切信札，都充满着创造的欢乐，他说："迄今为止我所发刊的，我认为只是一种试笔。"（见致前人书）

[1] 托尔斯泰指出在他二十至三十五岁间对他有影响的作品："歌德：Hermann et Dorothée……颇为重大的影响。""荷马：《伊里亚特》与《奥第赛》（俄译本）……颇为重大的影响。"一八六三年，他在《日记》中写道："我读歌德底著作，好几种思想在我心灵中产生了。"一八六五年春，托尔斯泰重读歌德，他称《浮士德》为"思想底诗，任何别的艺术所不能表白的诗。"以后，他为了他的神（意即他思想上的理想——译者）把歌德如莎士比亚一般牺牲了。但他对于荷马底钦仰仍未稍减。一八五七年八月，他以同样的热情读着《伊里亚特》与《圣经》。在他最后著作中之一，在攻击莎士比亚（一九〇三）时，他把荷马来作为真诚，中庸与真艺术底榜样。

○五》[1]……等都归入一类。他的思想底自然的动作，使他从关于个人命运的小说，引入描写军队与民众，描写千万生灵底意志交融着的巨大的人群底小说。他在塞白斯多堡围城时所得的悲壮的经验，使他懂得俄罗斯底国魂和它古老的生命。巨大的《战争与和平》，在他计划中，原不过是一组史诗般的大壁画——自大彼得到十二月党人时代底俄罗斯史迹——中的一幅中心的画[2]。

---

[1] 《战争与和平》底最初两部发刊于一八六五——六年间，那时题名《一八○五年》。

[2] 这部巨著托尔斯泰于一八六三年先从《十二月党人》开始，他写了三个断片（见全集卷六）。但他看到他的作品底基础不够稳固：往前追溯过去，他到了拿破仑战争底时代，于是他写了《战争与和平》。原著于一八六五年起在 Rousski viestnik 杂志上发表；第六册完成于一八六九年秋。那时托尔斯泰又追溯历史底上流，他想写一部关于大彼得底小说，以后又想写另一部十八世纪皇后当政时代及其幸臣底作品。他在一八七○至一八七三年间为这部作品工作，搜罗了不少材料，开始了好几幕写景；但他的写实主义的顾虑使他终于放弃了；他意识到他永远不能把这遥远的时间以相当真实的手法使其再现。——更后，一八七六年正月，他又想写一部关于尼古拉一世时代底小说；接着一八七七年他热烈地继续他的《十二月党人》，从当时身经事变的人那里采集了若干材料，自己又亲自去探访事变发生底所在地。一八七八年他写信给他的姑母说："这部作品于我是那么重要！重要的程度为你所意想不到；和信仰之于你同样重要。我的意思是要说比你的信仰更重要。"——但当他渐渐深入时，他反冷淡起来：他的思想已不在此了。一八七九年四月十七日他在致法德书中已经说："十二月党人？上帝知道他们在哪里！……

为真切地感到这件作品底力量起见，应当注意它潜在的统一性[1]。大半的法国读者不免短视，只看见无数的枝节，为之眼花缭乱。他们在这人生的森林中迷失了。应当使自己超临一切，目光瞩视着了无障蔽的天际和丛林原野底范围；这样我们才能窥见作品底荷马式的精神，永恒的法则底静寂，命运底气息底强有力的节奏。统率一切枝节的全体底情操，和统制作品的艺人底天才，如创世纪中的上帝威临着茫无边际的海洋一般。

最初是一片静止的海洋。俄罗斯社会在战争前夜所享有的和平。首先的一百页，以极准确的手法与卓越的讥讽口吻，映现出浮华的心魂底虚无幻灭之境。到了第一百页，这些活死人中最坏的一个，巴西尔(Basile)亲王才发出一声生人底叫喊：

"我们犯罪，我们欺骗，而是为了什么？我年纪已过五十，我的朋友⋯⋯死了，一切都完了⋯⋯死，多么可怕！"

在这些暗淡的，欺妄的，有闲的，会堕落与犯罪的灵魂中，也显露着若干具有比较纯洁的天性的人：——在真诚的人中，例如天真朴讷的比哀尔·勃苏高夫(Pierre Besoukhov)，具有

"——在他生命底这一个时期内，宗教狂乱已经开始：他快要把他从前的偶像尽行销毁了。

[1] 《战争与和平》底第一部法译本是于一八七八年在圣彼得堡开始的。但第一部的法文版却于一八八五年在 Hachette 书店发刊，一共是三册。最近又有全部六本的译文问世。

独立不羁的性格与古俄罗斯情操的玛丽·特米德里夫娜 (Marie Dmitrievna)，饱含着青春之气的洛斯多夫 (Rostov)；——在善良与退忍的灵魂中，例如玛丽公主；——还有若干并不善良但很高傲且被这不健全的生活所磨难的人，如安特莱 (André) 亲王。

可是波涛开始翻腾了，第一是"行动"。俄罗斯军队在奥国。无可幸免的宿命支配着战争，而宿命也更不能比这发泄着一切兽性的场合中更能主宰一切了。真正的领袖并不设法要指挥调度，而是如戈多查夫 (Koutouzov) 或巴葛拉兴 (Bagration) 般，"凡是在实际上只是环境促成的效果，由部下的意志所获得的成绩，或竟是偶然的现象，他们必得要令人相信他们自己的意志是完全和那些力量和谐一致的。"这是听凭命运摆布底好处！纯粹行动底幸福，正则健全的情状。惶乱的精神重复觅得了它们的均衡。安特莱亲王得以呼吸了，开始有了真正的生活……至于在他的本土和这生命底气息与神圣的风波远离着的地方，正当两个最优越的心魂，比哀尔与玛丽公主受着时流的熏染，沉溺于爱河中时，安特莱在奥斯丹里兹受伤了，行动对于他突然失掉了陶醉性，一下子得到了无限清明的启示。仰身躺着，"他只看见在他的头上，极高远的地方，一片无垠的青天，几片灰色的薄云无力地飘浮着"。

"何等的宁静！何等的平和！他对着自己说，和我狂乱的奔驰相差多远！这美丽的天我怎么早就没有看见？终于窥见了，我何等的幸福！是的，一切是空虚，一切是欺罔，除了它……它之外，什么也没有，……如此，颂赞上帝罢！"

然而，生活恢复了，波浪重新低落。灰心的，烦闷的人们，深自沮丧，在都市底颓废的诱惑的空气中他们在黑夜中彷徨。有时，在浊世底毒氛中，融泄着大自然底醉人的气息，春天，爱情，盲目的力量，使魅人的娜太夏去接近安特莱亲王，而她不久以后，却投入第一个追逐她的男子怀中。尘世已经糟蹋了多少的诗意，温情，心地纯洁！而"威临着恶浊的尘土的无垠的天"依然不变！但是人们却看不见它。即是安特莱也忘记了奥斯丹列兹底光明。为他，天只是"阴郁沉重的穹窿"，笼罩着虚无。

对于这些枯萎贫弱的心魂，极需要战争底骚乱重新来刺激他们。国家受着威胁了。一八一二年九月七日，鲍洛狄诺 (Borodino) 村失陷。这庄严伟大的日子啊。仇恨都消灭了。陶洛高夫 (Dolokhov) 亲抱他的敌人比哀尔。受伤的安特莱，为了他生平最憎恨的人，病车中的邻人，阿那托·戈拉琪宁 (Anatole Kouraguine) 遭受患难而痛哭，充满着温情与怜悯。由于热烈的为国牺牲和对于神明的律令底屈服，一切心灵都联合了。

"严肃地，郑重地，接受这不可避免的战争……最艰难的磨炼莫过于把人的自由在神明的律令前低首屈服了。在服从神底意志上才显出心底质朴。"

大将军戈多查夫 (Koutouzov) 便是俄国民族心魂和它服从运命底代表：

"这个老人，在热情方面，只有经验，——这是热情底结果——他没有用以组合事物搜寻结论的智慧，对于事故，他只用哲学的目光观照，他什么也不发明，什么也不干；但他谛听着，能够回忆一切，知道在适当的时间运用他的记忆，不埋没其中有用的成分，可亦不容忍其中一切有害的成分。在他的士兵底脸上，他会窥到这无可捉摸的，可称为战胜底意志，与未来的胜利底力。他承认比他的意志更强有力的东西，便是在他眼前展现的事物底必然的动向；他看到这些事物，紧随着它们，他亦知道蠲除他的个人意见。"

最后他还有俄罗斯的心。俄国民族底又是镇静又是悲壮的宿命观念，在那可怜的乡人，加拉太哀夫 (Platon Karataiev) 身上亦人格化了，他是质朴的，虔诚的，克制的，即在痛苦与死的时候也含着他那种慈和的微笑。经过了种种磨炼，国家多难，忧患遍尝，书中的两个英雄，比哀尔与安特莱，由于使他们看到活现的神底爱情与信仰，终于达到了精神的解脱和神秘的欢乐。

托尔斯泰并不就此终止。叙述一八二○年时代底本书结尾，只是从拿破仑时代递嬗到十二月党人这个时代底过渡。他令人感到生命底赓续与更始。全非在骚乱中开端与结束，托尔斯泰如他开始时一样，停留在一波未平一波继起的阶段中。我们已可看到将临的英雄，与又在生人中复活过来的死者和他们的冲突[1]。

以上我试把这部小说分析出一个重要纲目：因为难得有人肯费这番功夫。但是书中包罗着成百的英雄，每个都有个性，都是描绘得如是真切，令人不能遗忘，兵士，农夫，贵族，俄国人，奥国人，法国人……但这些人物底可惊的生命力，我们如何能描写！在此丝毫没有临时构造之迹。对于这一批在欧罗巴文学中独一无二的肖像，托尔斯泰曾作过无数的雏形，如他所说的，"以千万的计划组织成功的"，在图书馆中搜寻，应用他自己的家谱与史料[2]，他以前的随笔，他个人的回忆。这种缜密的准备确定

[1] 娶娜太夏的比哀尔·裴苏高夫，将来是十二月党人。他组织了一个秘密团体，监护公众福利。娜太夏热烈地参与这个计划。特尼苏夫（Denissov）毫不懂得和平的革命；他只准备着武装暴动。尼古拉·斯洛多夫仍保持着他士兵底盲目的坦白态度。他在奥斯丹里兹一役之后说过："我们只有一件事情可做：尽我们的责任，上场杀敌永远不要思想"，此刻他反对比哀尔了，说："第一是我的宣誓！如果人家令我攻击你，我会那样做。"他的妻子，玛丽公主赞同他的意见。安特莱亲王底儿子，小尼古拉·鲍尔公斯基，只有十五岁，娇弱的，病态的，可爱的，金色的头发，大大的眼睛，热情地谛听他们的论辩；他全部的爱是为比哀尔与娜太夏；他不欢喜尼古拉与玛丽；他崇拜他的父亲；为他所不十分回想清楚的，他企望要肖似他，要长大，完成什么大事业……什么？他还不知……"虽然他们那么说，我一定会做到……是的，我将做到。他自己便会赞同我。"——作品即以这个孩子底幻梦终结。——如果《十二月党人》在那时写下去，这年轻的尼古拉·鲍尔公斯基将是其中的一个英雄。
[2] 我说过《战争与和平》中的洛斯多夫与鲍尔公斯基两个大族，在许多情

了作品底坚实性，可也并不因之而丧失它的自然性。托尔斯泰写作时的热情与欢乐亦令人为之真切地感到。而《战争与和平》底最大魅力，尤其在于它年青的心。托尔斯泰更无别的作品较本书更富于童心的了，每颗童心都如泉水一般明净，如莫扎尔德底旋律般婉转动人，例如年轻的尼古拉·洛斯多夫 (Nicolas Rostov)，索尼亚 (Sonia)，和可怜的小贝蒂亚 (Pétia)。

最秀美的当推娜太夏。可爱的小女子神怪不测，娇态可掬，有易于爱恋的心，我们看她长大，明了她的一生，对她抱着对于姊妹般的贞洁的温情——谁不曾认识她呢？美妙的春夜，娜太夏在月光中，凭栏幻梦热情地说话，隔着一层楼，安特莱倾听着她……初舞底情绪，恋爱，爱底期待，无穷的欲念与美梦，黑夜，在映着神怪火光的积雪林中滑冰。大自然底迷人底温柔吸引着你。剧院之夜，奇特的艺术世界，理智陶醉了；心底狂乱，沉浸在爱情中的肉体底狂乱；洗濯灵魂底痛苦，监护着垂死的爱人底神圣的怜悯……我们在唤引起这些可怜的回忆时，不禁要发生和在提及一个最爱的女友时同样的情绪。啊！这样的一种创造和现代的小说与戏剧相比时，便显出后者底女性人物底弱点来了！前者把生命都抓住了，而且转变的时候，那么富于弹性，那么流畅，似

节上和托尔斯泰底父系母系两族极为相似。在《高加索纪事》与《塞白斯多堡纪事》中，我们亦已见到《战争与和平》中不少的士兵与军官底雏形。

乎我们看到它在颤动嬗变。——面貌很丑而德性极美的玛丽公主亦是一幅同样完美的绘画；在看到深藏着一切心底秘密突然暴露时，这胆怯呆滞的女子脸红起来，如一切和她相类的女子一样。

在大体上，如我以前说过的，本书中女子底性格高出男子的性格多多，尤其是高出于托尔斯泰托寄他自己的思想底两个英雄：软弱的比哀尔·勃苏高夫 (Pierre Besoukhov) 与热烈而枯索的安特莱·鲍尔公斯基 (André Bolkonski)。这是缺乏中心的灵魂，它们不是在演进，而是永远踌躇；它们在两端中间来回，从来不前进。无疑的，人们将说这正是俄国人底心灵。可是我注意到俄国人亦有同样的批评。是为了这个缘故屠克涅夫责备托尔斯泰底心理老是停滞的。"没有真正的发展，永远的迟疑，只是情操底颤动 [1]。"托尔斯泰自己亦承认他有时为了伟大的史画而稍稍牺牲了个人的性格 [2]。

的确，《战争与和平》一书底光荣，便在于整个历史时代底复活，民族移殖与国家争战底追怀。它的真正的英雄，是各个不同的民族；而在他们后面，如在荷马底英雄背后一样，有神明在指引他们；这些神明是不可见的力："是指挥着大众的无穷的渺小"，是"无穷"底气息。在这些巨人底争斗中，——一种隐伏

[1] 一八六八年二月二日书（据皮吕高夫申引）。

[2] 他说："特别是第一编中的安特莱亲王。"

着的运命支配着盲目的国家，——含有一种神秘的伟大。在《伊里亚特》之外，我们更想到印度底史诗[1]。

《安娜小史》(Anna Karénine) 与《战争与和平》是这个成熟时期底登峰造极之作[2]。这是一部更完美的作品，支配作品底思想具有更纯熟的艺术手腕，更丰富的经验，心灵于它已毫无秘密可言，但其中缺少《战争与和平》中底青春的火焰，热情的朝气，——伟大的气势。托尔斯泰已没有同样的欢乐来创造了。新婚时底暂时的平静消逝了。托尔斯泰伯爵夫人努力在他周围建立起来的爱情与艺术周圈中，重新有精神烦闷渗入。

婚后一年，托尔斯泰写下《战争与和平》底最初几章；安特莱向比哀尔倾诉他关于婚姻问题底心腹语，表示一个男子觉得他所爱的女人不过是一个漠不相关的外人，是无心的仇敌，是他的精神发展底无意识的阻挠者时所感到的幻灭。一八六五年时代底

---

[1] 可惜其中的诗意有时受了书中充满着的哲学的唠叨——尤其在最后几部中——底影响，为之减色不少。托尔斯泰原意要发表他的历史底定命论。不幸他不断的回到这议论而且反复再三地说。弗罗贝 (Flaubert) 在读最初二册时，"大为叹赏"，认为是"崇高精妙"的，满着"莎士比亚式的成分"，到了第三册却厌倦到把书丢了说：——"他可怜地往下堕落。他重复不厌，他尽着作哲学的谈话。我们看到这位先生，是作者，是俄国人；而迄今为止，我们只看到'自然'与'人类'。"（一八八〇年正月弗罗贝致屠克涅夫书）

[2] 《安娜小史》底第一部法译本于一八八六年由 Haohette 书店发刊，共二册。在法译全集中，增为四册。

书信，已预示他不久又要感染宗教的烦闷。这还只是些短期的威胁，为生活之幸福所很快地平复了的。但当一八六九年托尔斯泰完成《战争与和平》时，却发生了更严重的震撼：

几天之内，他离开了家人，到某处去参观。一夜，他已经睡了；早上两点钟刚打过：

"我已极度疲倦，我睡得很熟，觉得还好。突然，我感到一种悲苦，为我从未经受过的那么可怕。我将详细告诉你 [1]：这实在是骇人。我从床上跳下，令人套马。正在人家为我套马时，我又睡着了，当人家把我喊醒时，我已完全恢复。昨天，同样的情景又发生了，远还没有前次那么厉害……[2]"

托尔斯泰伯爵夫人辛辛苦苦以爱情建造成的幻想之宫崩坼了。《战争与和平》底完成使艺术家底精神上有了一个空隙，在这空隙时间，艺术家重又被教育学，哲学的 [3] 研究抓住了：他要写一部平民用的启蒙读本 [4]；他埋首工作了四年，对于这部书，

---

[1] 致其夫人书。

[2] 这可怕的一夜的回忆，在一个《疯人日记》（一八八三）中亦有述及。

[3] 一八六九年夏，当他写完《战争与和平》的时候，他发现了叔本华，他立时醉心于他的学说："叔本华是人类中最有天才的人。"（一八六九年八月三十日致法德书）

[4] 这部启蒙读本共有七百至八百页，分为四编，除了教学法外，更含有许多短篇读物。这些短篇以后形成"四部读本"。第一部法译本出版于一九二八年，

他甚至比《战争与和平》更为得意，他写成了一部（一八七二年），又写第二部（一八七五年）。接着，他狂热地研究希腊文，一天到晚的研习，把一切别的工作都放下了，他发现了"精微美妙的Xénophon"与荷马，真正的荷马而非翻译家转述出来的荷马，不复是那些姚高夫斯基 (Joukhovski，1783—1852，俄国诗人)与伏斯 (Voss，1731—1826，德国批评家兼翻译家)辈底庸俗萎靡底歌声，而是另一个旁若无人尽情歌唱底妖魔之妙音了[1]。

"不识希腊文，不能有学问！……我确信在人类语言中真正是美的，只有是单纯的美，这是我素所不知的。"[2]

这是一种疯狂：他自己亦承认。他重又经营着学校的事情，那么狂热，以致病倒了。一八七一年他到萨玛拉 (Samara) 地方 Bachkirs 那里疗养。那时，除了希腊文，他对什么都不满。一八七二年，在讼案完了后，他当真地谈起要把他在俄罗斯所有的财产尽行出售后住到英国去。托尔斯泰伯爵夫人不禁为之悲叹：

"如果你永远埋头于希腊文中，你将不会有痊愈之日。是它使你感着这些悲苦而忘掉目前的生活。人们称希腊文为死文字实

译者为 Charles Salemon。

[1] 他说在翻译者与荷马中间底差别，"有如沸水之于冷泉水，后者虽然令你牙齿发痛，有时且带着沙粒，但它受到阳光底洒射，更纯洁更新鲜。"（一八七〇年十二月致法德书）

[2] 见未曾发表的书信。

在是不虚的：它令人陷入精神死灭的状态中。"[1]

放弃了不少略具雏形的计划之后，终于在一八七三年三月十九日，使伯爵夫人喜出望外地，托尔斯泰开始写《安娜小史》[2]。正在他为这部小书工作的时候，他的生活受着家庭中许多丧事底影响变得阴沉暗淡[3]，他的妻子亦病了。"家庭中没有完满的幸福……[4]"

作品上便稍稍留着这惨淡的经验与幻灭的热情底痕迹[5]。除了在讲起莱维纳(Lévine)订婚的几章底美丽的文字外，本书中所讲起的爱情，已远没有《战争与和平》中若干篇幅底年青的诗意了，这些篇幅是足以和一切时代底美妙的抒情诗媲美的。反之，这里的爱情含有一种暴烈的，肉感的，专横的性格。统制这部小说底定命论，不复是如《战争与和平》中底一种神(Krichna)，不复是一个运命底支配者，而是恋爱底疯狂，"整个的维纳斯(Vénus)"

---

[1] 托尔斯泰伯爵夫人底文件。

[2] 《安娜小史》完成于一八七七年。

[3] 三个孩子夭殇（一八七三年十一月十八日，一八七五年二月，一八七五年十一月终）。太蒂阿娜姑母，他的义母（一八七四年六月二十日），贝拉伊姑母（一八七五年十二月二十二日）相继去世。

[4] 一八七六年三月一日致法德书。

[5] "女人是男子底事业底障碍石。爱一个女人同时又要做些好的事业是极难的；要不永远受着阻碍的唯一的方法便是结婚。"（《安娜小史》第一册——Hachette 法译本）

在舞会底美妙的景色中，当安娜与龙斯基 (Wronski) 不知不觉中互相热爱的时候，是这爱神在这无邪的，美丽的，富有思想的，穿着黑衣的安娜身上，加上"一种几乎是恶魔般的诱惑力"[1]。当龙斯基宣露爱情的时候，亦是这爱神使安娜脸上发出一种光辉，——"不是欢乐底光辉。而是在黑夜中爆发的火灾底骇人的光辉。"[2] 亦是这爱神使这光明磊落，理性很强的少女，在血管中，流溢着肉欲的力，而且爱情逗留在她的心头，直到把这颗心磨炼到破碎的时候才离开它。接近安娜的人，没有一个不感到这潜伏着的魔鬼底吸力与威胁。凯蒂 (Kitty) 第一个惊惶地发现它。当龙斯基去看安娜时，他的欢乐的感觉中也杂有神秘的恐惧。莱维纳，在她面前，失掉了他全部的意志。安娜自己亦知道她已不能自主。当故事渐渐演化的时候，无可震慑的情欲，把这高傲人物底道德的壁垒，尽行毁掉了。她所有的最优越的部分，她的真诚而勇敢的灵魂瓦解了，堕落了：她已没有勇气牺牲世俗的虚荣；她的生命除了取悦她的爱人之外更无别的目标，她胆怯地，羞愧地不使自己怀孕；她受着嫉妒底煎熬；完全把她征服了的性欲底力量，迫使她在举动中声音中眼睛中处处作伪；她堕入那种只要使无论何种男子都要为之回首一瞥的女人群中。她用吗啡来麻醉

---

[1] 《安娜小史》法译本第一册。

[2] 同前。

自己，直到不可容忍的苦恼，和为了自己精神的堕落而悲苦底情操迫使她投身于火车轮下。"而那胡须蓬乱的乡人，"——她和龙斯基时时在梦中遇见的幻象，——"站在火车底足踏板上俯视铁道"；据那含有预言性的梦境所示，"她俯身伏在一张口袋上，把什么东西隐藏在内，这是她往日底生命，痛苦，欺妄和烦恼……"

"我保留着报复之权[1]，"上帝说……

这是被爱情所煎熬，被神底律令所压迫的灵魂底悲剧，——为托尔斯泰一鼓作气以极深刻的笔触描写的一幅画。在这悲剧周围，托尔斯泰如在《战争与和平》中一样，安插下好几个别的人物底小说。但这些平行的历史可惜衔接得太迅骤太造作，没有达到《战争与和平》中交响乐般的统一性。人们也觉得其中若干完全写实的场面，——如圣彼得堡底贵族阶级与他们有闲的谈话，——有时是枉费的。还有，比《战争与和平》更显明地，托尔斯泰把他的人格与他的哲学思想和人生底景色交错在一起。但作品并不因此而减少它的富丽。和《战争与和平》中同样众多的人物，同样可惊的准确。我觉得男子底肖像更为优越。托尔斯泰描绘的史丹巴纳·阿尔加第维区 (Stepane Arcadievitch)，那可爱的自私主义者，没有一个人见了他能不回答他的好意的微笑，还有加莱宁 (Karénine)，高级官员底典型，漂亮而平庸的政治家，

---

[1] 书首底箴言。

永远借着讥讽以隐藏自己的情操：尊严与怯弱底混合品；虚伪世界底奇特的产物，这个虚伪世界，虽然他聪明慷慨，终于无法摆脱，——而且他的不信任自己的心也是不错的，因为当他任令自己的情操摆布时，他便要堕入一种神秘的虚无境界。

但这部小说底主要意义，除了安娜底悲剧和一八六〇年时代底俄国社会——沙龙，军官俱乐部，舞会，戏院，赛马，——底种种色相之外，尤其含有自传的性格。较之托尔斯泰所创造的许多其他的人物，莱维纳更加是他的化身。托尔斯泰不独赋与他自己的又是保守又是德谟克拉西的思想，和乡间贵族轻蔑知识阶级的反自由主义[1]；而且他把自己的生命亦赋予了他。莱维纳与凯蒂底爱情和他们初婚后的数年，是他自己的回忆底变相，——即莱维纳底兄弟之死亦是托尔斯泰底兄弟特米德里之死底痛苦的表现。最后一编，在小说上是全部无用的，但使我们看出他那时候衷心惶乱底原因。《战争与和平》底结尾，固然是转入另一部拟议中的作品底艺术上的过渡，《安娜小史》底结尾却是两年以后在《忏悔录》中宣露的精神革命底过渡。在本书中，已屡次以一种讽刺的或剧烈的形式批评当时的俄国社会，这社会是为他在将来的著作中所不住地攻击的。攻击谎言，攻击一切谎言，对于道德的谎言，和对于罪恶的谎言同样看待，指斥自由论调，抨击世

---

[1]　在本书底结尾中，还有明白攻击战争，国家主义，泛斯拉夫族主义底思想。

俗的虚浮的慈悲，沙龙中的宗教，和博爱主义！向整个社会宣战，因为它魅惑一切真实的情操，灭杀心灵底活力！在社会底陈腐的法统之上，死突然放了一道光明。在垂危的安娜前面，矫伪的加莱宁也感动了。这没有生命，一切都是造作的心魂，居然亦透入一道爱底光明而具有基督徒底宽恕。一霎时，丈夫，妻子，情人，三个都改变了。一切变得质朴正直。但当安娜渐次回复时，三人都觉得"在一种内在地支配他们底几乎是圣洁的力量之外，更有另一种力量，粗犷的，极强的，不由他们自主地支配着他们的生命，使他们不复再能享受平和"。而他们预先就知道他们在这场战斗中是无能的，"他们将被迫作恶，为社会所认为必须的。"[1]

莱维纳所以如化身的托尔斯泰般在书中底结尾中亦变得升化者，是因为死亦使他感动了之故。他素来是"不能信仰的，他亦不能彻底怀疑。[2]"自从他看见他的兄弟死后，他为了自己的愚昧觉得害怕。他的婚姻在一时期内曾抑住这些悲痛的情绪。但自从他的第一个孩子生下之后，它们重复显现了。他时而祈祷时而否定一切。他徒然浏览哲学书籍。在狂乱的时光，他甚至害怕自己要自杀。体力的工作使他镇静了：在此，毫无怀疑，一切都是

---

[1] "对于社会，罪恶是合理的。牺牲爱，却是不健全。"（《安娜小史》法译本第二册）

[2] 出处同前。

显明的。莱维纳和农人们谈话；其中一个和他谈着那些"不是为了自己而是为了上帝生存的人"。这对于他不啻是一个启示。他发现理智与心底敌对性。理智教人为了生存必得要残忍地奋斗；爱护他人是全不合理的：

"理智是什么也没有教我；我知道的一切都是由心启示给我的。"[1]

从此，平静重新来临。卑微的乡人——对于他，心是唯一的指导者——这个名辞把他重新领到上帝前面……什么上帝？他不想知道。这时候底莱维纳，如将来长久时期内底托尔斯泰一般，在教会前面是很谦恭的，对于教义亦毫无反抗底心。

"即是在天空底幻象与星球底外表的运动中，也有一项真理。"[2]

[1] 《安娜小史》法译本第二册。

[2] 同前。

一〇

　　莱维纳瞒着凯蒂的这些悲痛与自杀底憧憬，亦即是托尔斯泰同时瞒着他的妻子的。但他还未达到他赋予书中主人翁的那般平静。实在说来，平静是无从传递给他人的。我们感到他只愿望平静却并未实现，故莱维纳不久又将堕入怀疑。托尔斯泰很明白这一层。他几乎没有完成本书底精力与勇气。《安娜小史》在没有完成之前，已使他厌倦了[1]。他不复能工作了。他停留在那里，不能动弹，没有意志，厌弃自己，对着自己害怕。于是，在他生命底空隙中，发出一阵深渊中的狂风，即是死底眩惑。托尔斯泰逃出了这深渊以后，曾述及这些可怕的岁月[2]。

　　"那时我还没有五十岁，他说[3]，我爱，我亦被爱，我有好的孩子，大的土地，光荣，健康，体质的与精神的力强；我能如

────────────

[1]　"现在我重复被那部可厌而庸俗的《安娜小史》所羁绊住了，我唯一的希望便是能早早摆脱它，愈快愈好……"（一八七五年八月二十六日致法德书）。"我应得要完成使我厌倦的小说……"（一八七六年致前人书）。

[2]　见《忏悔录》（一八七九年）。全集卷十九。

[3]　在此我把《忏悔录》中一部分作概括的引述，只保留着托尔斯泰底语气。

一个农人一般刈草；我连续工作十小时不觉疲倦。突然，我的生命停止了。我能呼吸，吃，喝，睡眠。但这并非生活。我已没有愿欲了。我知道我无所愿欲。我连认识真理都不希望了。所谓真理是：人生是不合理的。我那时到了深渊前面，我显然看到在我之前除了死以外什么也没有。我，身体强健而幸福的人，我感到再不能生活下去。一种无可抑制的力驱使我要摆脱生命。……我不说我那时要自杀。要把我推到生命以外去的力量比我更强；这是和我以前对于生命底憧憬有些相似，不过是相反的罢了。我不得不和我自己施用策略，使我不至让步得太快。我这幸福的人，竟要把绳子藏起以防止我在室内的几个衣橱之间自缢。我也不复挟着枪去打猎了，恐怕会使我起意[1]。我觉得我的生命好似什么人和我戏弄的一场恶作剧。四十年底工作，痛苦，进步，使我看到的却是一无所有！什么都没有。将来，我只留下一副腐蚀的骸骨与无数的虫蛆……只在沉醉于人生的时候一个人才能生活；但

---

[1] 《安娜小史》中有这样的一段："莱维纳，被爱着，很幸福，做了一家之主，他亲手把一切武器藏起来，仿佛他恐怕要受着自杀底诱惑一般。"这种精神状态并非是托尔斯泰及其书中人物所特有的。托尔斯泰看到欧罗巴，尤其是俄罗斯的小康阶级底自杀之多不胜讶异。他在这时代底作品中时常提及此事。我们可说在一八八〇年左右，欧洲盛行着精神萎靡症，感染的人不下数千。那时代正是青年的人，如我一般，都能记忆此种情况；故托尔斯泰对此人类的危机底表白实有历史的价值。他写了一个时代底悲剧。

醉意一经消灭，便只看见一切是欺诈，虚妄的欺诈……家庭与艺术已不能使我满足。家庭，这是些和我一样的可怜虫。艺术是人生底一面镜子。当人生变得无意义时，镜子底游戏也不会令人觉得好玩了。最坏的，是我还不能退忍。我仿佛是一个迷失在森林中的人，极端愤恨着，因为是迷失了，到处乱跑不能自止，虽然他明白多跑一分钟，便更加迷失得厉害……"

他的归宿毕竟在于民众身上。托尔斯泰对于他们老是具有"一种奇特的，纯粹是生理的感情"[1]，他在社会上所得的重重的幻灭的经验从没有动摇他的信念。在最后几年中，他和莱维纳一样对于民众接近得多了[2]。他开始想着，他那些自杀，自己麻醉的学者，富翁，和他差不多过着同样绝望的生活底有闲阶级底狭小集团之外，还有成千成万的生灵。他自问为何这些千万的生灵能避免这绝望，为何他们不自杀。他发觉他们的生活，不是靠了理智，而是——毫不顾虑理智——靠了信仰。这不知有理智底信仰究竟是什么呢？

---

[1] 《忏悔录》。

[2] 这时代底他的肖像证明他的通俗性。Kramskoï 底一幅画像（一八七三年）表现托尔斯泰穿着工衣，俯着头，如德国的基督像。——在另外一幅一八八一年底肖像中，他的神气宛如一个星期日穿扮齐整的工头：头发剪短了，胡须与鬓毛十分凌乱；面庞在下部显得比上面宽阔；眉毛蹙紧，目光无神，鼻孔如犬，耳朵极大。

"信仰是生命底力量。人没有信仰，不能生活。宗教思想在太初的人类思想中已经酝酿成熟了。信仰所给予人生之谜的答复含有人类底最深刻的智慧 (Sagesse)。"

那么，认识了宗教书籍中所列举的这些智底公式便已足够了吗？——不，信仰不是一种学问，信仰是一种行为；它只在被实践的时候，才有意义。一般"思想圆到"之士与富人把宗教只当作一种"享乐人生的安慰"，这使托尔斯泰颇为憎厌，使他决意和一般质朴的人混在一起，只有他们能使生命和信仰完全一致。

"他懂得：劳动民众底人生即是人生本体，而这种人生底意义方是真理。"

但怎样使自己成为民众而能享有他的信心呢？一个人只知道别人有理亦是徒然的事；要使我们成为和他们一样不是仗我们自己就可办到的。我们徒然祈求上帝；徒然张着渴望的臂抱倾向着他。上帝躲避我们，哪里抓住他呢？

一天，神底恩宠获得了。

"早春时的一天，我独自在林中，我听着林中的声音。我想着我最近三年来底惶惑，神底追求。从快乐跳到绝望底无穷尽的突变……突然，我看到我只在信仰神底时候我才生活着。只要思念到神，生命底欢乐的波浪便在我内心涌现了。在我周围，一切都生动了，一切获得一种意义。但等到我不信神时，生命突然中断了。我的内心发出一声呼喊：

"——那么，我还寻找什么呢？便是'他'，这没有了便不能生活的'他'！认识神和生活，是一件事情。神便是生……

"从此，这光明不复离开我了。"[1]

他已得救了。神已在他面前显现[2]。

但他不是一个印度底神秘主义者，不能以冥想入定为满足；因为他的亚洲人底幻梦中又杂有西方人底重视理智与要求行动的性格，故他必得要把所得到的显示，表现诚实地奉行的信仰，从这神明的生活中觅得日常生活底规律。毫无成见地，为了愿真诚

---

[1] 《忏悔录》。

[2] 实在说来，这已非第一次。《高加索纪事》中的青年志愿兵，《塞白斯多堡》底军官，《战争与和平》中的安特莱亲王与比哀尔，都有过同样的视觉。但托尔斯泰是那么热情，每次他发现神，他必以为是第一次而以前只是黑夜与虚无。在他的过去，他只看见阴影与羞耻。我们由于他的《日记》，比他自己更认识他的心灵底变化史。我们知道他的心即在迷失惶惑时亦是含有深刻的宗教性的。而且，他亦承认，在《教义神学批判》底序文中，他写道："神！神！我在不应当寻找的地方寻找真理。我知道我是在彷徨。我明知我的性欲是不好的，我却谄媚它；但我永不会忘你！我永远感到你，即在我迷失的时候。"——一八七八——九年间底狂乱只是一场比别次更剧烈的精神病，也许是因为连年所受的人口亡故的刺激与年龄增高的影响。这一次病变底唯一的特征，即神底显现并未在冥思出神的境界过去之后消散，托尔斯泰受着经验底教训，急急地"前进，只要他抓着光明的时候"，并在他的信心中归纳出整个的人生观。并非他从来不曾作过此种试验,（我们记得他在大学生时代已有"人生底规律"这概念了,）而是在五十岁的年纪,热情去诱惑他走入歧途的机会较少。

地相信他的家族们所虔奉的信仰，他研究他所参与的罗马正教底教义 [1]。且为更加迫近这教义起见，他在三年中参与一切宗教仪式，忏悔，圣餐，一切使他不快的事情，他不敢遽下判断，只自己发明种种解释去了解他觉得暗晦，或不可思议的事。为了信仰他和他所爱的人，不论是生人或死者，完全一致，老是希望到了一个相当的时间，"爱会替他打开真理底大门"。——但他的努力只是徒然：他的理智与心互相抗争起来。有些举动，如洗礼与圣餐，于他显得是无耻的。当人家强使他重复地说圣体是真的基督底肉和血时，"他仿如心中受了刀割"。在他和教会之间筑起一堵不可超越的墙壁的，并非是教义，而是实行问题。——尤其是各个教会中间底互相仇恨 [2]，和不论是绝对的或默许的杀人权，——由此产生战争与死刑这两项。

于是，托尔斯泰决绝了；他的思想被压抑了三年之久，故他的决绝尤为剧烈。他什么也不顾忌了。他轻蔑这为他在隔昨尚在笃信奉行的宗教。在他的《教义神学批判》（一八七九——一八八一）中，他不独把神学当作"无理的，且是有意识的，

---

[1] 关于这一段纪事底《忏悔录》，署有下列的小标题：《教义神学批判及基督教主义检讨导言》。

[2] "我，是把真理放在发情底单位中的我，觉得宗教把它所要产生的自己毁灭为可怪。"（见《忏悔录》）

有作用的谎言"[1]。在他的《四福音书一致论》（一八八一——
一八八三）中，他便把福音书与神学对抗。终于，他在福音书中
建立了他的信仰（《我的信仰底基础》一八八三）。

这信仰便在下列几句话中：

"我相信基督底主义。我相信当一切人都实现了幸福的时候，
尘世才能有幸福存在。"

信心底基础是摩西在山上底宣道，托尔斯泰把这些教训归纳
成五诫：

一、不发怒。

二、不犯奸。

三、不发誓。

四、不以怨报怨。

五、不为人敌。

这是教义底消极部分，其积极部分只包括在一条告诫中：

爱神和爱你的邻人如爱你自己。

"基督说过谁对于这些诫命有何轻微的违背，将在天国中占

---

[1]　"我确信教会底训条，理论上是一种有害的谎言，实用上是许多粗俗与
妖魔的迷信，在这种情形之下，基督教主义底意义完全消灭了。"（致神圣
宗教会议答复，一九〇一年四月四——十七日。)参看《教会与国家》(一八八三
年）——托尔斯泰责备教会底最大的罪恶，是它和世间暂时的权力底联络。
这是"强盗和谎骗者底联络"。

据最小的地位。"

托尔斯泰天真地补充道：

"不论这显得多么可异，我在一千八百年之后，发现这些规律如一件新颖的事迹。"

那么，托尔斯泰信不信基督是一个神？——全然不信。他把他当作何等人呢？当作是圣贤中最高的一个，释迦牟尼，婆罗门，老子，孔子，查洛斯德，依撒——一切指示人以真正的幸福与达到幸福的必由之道的人 [1]。托尔斯泰是这些伟大的宗教创造人，——这些印度，中国，希伯莱底半神与先知者底信徒。他竭力为他们辩护。攻击他所称为"伪善者"与"法学教官 Scribes"的一流，攻击已成的教会，攻击傲慢的科学底代表者 [2]。这并非说他欲借心灵底显示以推翻理智。自从他脱离了《忏悔录》上所说的烦闷时期之后，他尤其是理智底信奉者，可说是

---

[1]　他年事愈高，愈相信人类史上自有宗教的统一性，愈相信基督和其他的圣贤——自释迦牟尼至康德——底平行性。他写道："耶稣底主义，对于我只是上古最美的宗教思想，如埃及，犹太，印度，中国等各种思潮底一流。耶稣底两大原则：对于神底敬爱，即绝对的完满；对于同类底博爱，即一视同仁，毫无分别；这两项原则都曾为世界上上古代的圣贤，释迦牟尼，老子，孔子，苏格拉底，柏拉图等，近代贤哲卢梭，柏斯格，康德，爱默生等所共同宣扬的。"

[2]　托尔斯泰辩称他并不攻击真正的科学，因为它是虚心而认识界限的。

一个理智底神秘主义者。

"最初是 Verbe（三位一体中的第二位），他和圣约翰一样的说法，Verbe，意即'理智'"

他的《生命论》一书（一八八七），在题词中曾引用柏斯格(Pascal) 的名句[1]：

"人只是一支芦苇，自然中最弱的东西，但这是一支有思想的芦苇……我们全部的尊严包含在思想中……因此我们得好好地思想：这即是道德底要义。"

全书只是对于理智底颂诗。

"理智"固然不是科学的理智，狭隘的理智，"把部分当作全体，把肉的生活当作全部生活的，"而是统制着人底生命底最高律令，"有理性的生物，即人，所必然要依据了它生活的律令。"

"这是和统制着动物底生长与繁殖，草木底萌芽与滋荣，星辰与大地底运行底律令类似的律令。只在奉行这条律令，为了善而把我们的兽性服从理智底规条底行为中，才存有我们的生命……理智不能被确定，而我们也不必加以确定，因为不独我们都认识它，而且我们只认识它……人所知道的一切，是由理智——

---

[1] 托尔斯泰在精神狂乱的时候，常常读柏斯格底《思想录》。他在致法德书中曾经提及。

而非由信仰——而知道的 [1]……只在理智有了表白的时候生命方才开始。唯一真实的生命是理智底生命。"

那么，有形的生命，我们个人的生命，又是什么？"它不是我们的生命，"托尔斯泰说，"因为它不是由我们自主的。"

"我们肉体的活动是在我们之外完成的……把生命当作个人的这种观念在今日的人类中已经消灭了。对于我们这时代一切赋有理智的人，个人的善行之不可能，已成为确切不移的真理。" [2]

还有许多前提，毋容我在此讨论，但表现托尔斯泰对于理智怀有多少的热情。实在，这是一种热情，和主宰着他前半生的热情同样的盲目与嫉忌。一朵火焰熄了，另一朵火焰燃起。或可说永远是同一朵火焰，只是它变换了养料而已。

而使"个人的"热情和这"主智的"热情更形肖似的，是因为这些热情都不能以爱为满足，它们要活动，要实现。

"不应当说而应当做，基督说过。"

理智底活动现象是什么？——爱。

"爱是人类唯一的有理性的活动，爱是最合理最光明的精神境界。它所需的，便是什么也不掩蔽理智底光芒，因为唯有理智

---

[1] 在一八九四年十一月二十六日致某男爵书中，托尔斯泰亦言："人所直接受之于神的，只有认识自己和接触世界的一种工具。这工具，便是理智，理智是从神来的。它不独是人类崇高的品性，且是认识真理底唯一的工具。"

[2] 见《托尔斯泰传》。

底光芒方能助长爱。……爱是真实的善，至高的善，能解决人生一切的矛盾，不独使死底恐怖会消灭，且能鼓舞人为别人牺牲：因为除了把生命给予所爱者之外，无所谓别的爱了；只有它是自己牺牲时，爱才配称为爱。因此，只当人懂得要获得个人的幸福之不可能时，真正的爱方能实现。那时候，他的生命底精髓才能为真正的爱底高贵的接枝，而这接枝为了生长起见，才向这粗野的本干，即肉的本体，去吸取元气……"[1]

这样，托尔斯泰并不如一条水流枯竭的河迷失在沙土里，那般的达到信仰。他是把强有力的生命底力量集中起来灌注在信仰中间。——这我们在以后会看到。

这热烈的信心，把爱与理智密切地结合了，它在托尔斯泰致开除他教籍的神圣宗教会议复书中找到了完满的表白[2]：

"我相信神，神于我是灵，是爱，是一切底要素。我相信他在我心中存在，有如我在他心中存在一样，我相信神底意志从没有比在基督底教义中表现得更明白了；但我们不能把基督当作神而向他祈祷，这将冒犯最大的亵渎罪。我相信一个人底真正的幸福在于完成神底意志，我相信神底意志是要一切人爱他的同类，

---

[1] 见《托尔斯泰传》。

[2] 这宗教思想必然是由好几个问题演化出来的，尤其是由于那涉及未来生活的概念。

永远为了他们服务，如神要一切人类为了他而活动一般；这便是；据福音书所说，一切的律令和预言底要旨。我相信生命底意义，对于我们中每个人，只是助长人生底爱，我相信在这人生中，发展我们的爱底力量，不啻是一种与日俱增的幸福，而在别一个世界里，又是更完满的福乐；我相信这爱底生长，比任何其他的力量，更能助人在尘世建立起天国，换言之，是以一种含有协和，真理，博爱的新的系统来代替一种含有分离，谎骗与强暴的生活组织。我相信为在爱情中获得进步起见，我们只有一种方法：祈祷。不是在庙堂中的公共祈祷，为基督所坚决摈绝的。而是如基督以身作则般的祈祷，孤独的祈祷，使我们对于生命底意义具有更坚实的意识……我相信生命是永恒的，我相信人是依了他的行为而获得酬报，现世与来世，现在与将来，都是如此。我对于这一切相信得如是坚决，以至在我这行将就木的年纪，我必得要以很大的努力才能阻止我私心祝望肉体底死灭——换言之，即祝望新生命底诞生，"[1]

---

[1] 见一九〇一年五月一日巴黎《时报》所发表的关于托尔斯泰底论文。

一一

他想已经到了彼岸，获得了一个为他烦恼的心魂所能安息的荫庇。

其实，他只是处于一种新的活动底始端。

在莫斯科过了一冬，（他对于家庭底义务迫使他随着他的家族，）[1] 一八八二年正月他参加调查人口底工作，使他得有真切地看到大都市底惨状的机会。他所得的印象真是非常凄惨。第一次接触到这文明隐藏着的疮痍底那天晚上，他向一个朋友讲述他的所见时，"他叫喊，号哭，挥动着拳头。"

"人们不能这样地过活！"他嚎啕着说。"这决不能存在！这决不能存在！……"[2] 几个月之久，他又堕入悲痛的绝望中。一八八二年三月三日，伯爵夫人写信给他说：

"从前你说：'因为缺少信心，我愿自缢。'现在，你有了信心，为何你仍苦恼？"

---

[1]　"迄今为止，我一向在都市之外过生活……"（《见我们应当做什么？》）
[2]　见前书。

因为他不能有伪君子般底信心，那种自得自满的信心，因为他没有神秘思想家底自利主义，只顾自己的超升而不顾别人[1]，因为他怀有博爱，因为他此刻再不能忘记他所看到的惨状，而在他热烈的心底仁慈中他们的痛苦与堕落似乎是应由他负责的：他们是这个文明底牺牲品，而他便参与着这个牺牲了千万生灵以造成的优秀阶级，享有这个魔鬼阶级底特权。接受这种以罪恶换来的福利，无异是共谋犯。在没有自首之前，他的良心不得安息了。

《我们应当做什么？》（一八八四——八六）[2]便是这第二次错乱病底表白，这次的病比第一次的更为悲剧化，故它的后果亦更重大。在人类底苦海中，实在的，并非一般有闲的人在烦恼中造作出来的苦海中，托尔斯泰个人的宗教苦闷究竟算得什么呢？要不看见这种惨状是不可能的。看到之后而不设法以任何代价去消除它亦是不可能的。——可是，啊！消除它是可能的么？

---

[1]　对于那些"为自己而不为别人的苦行者"，托尔斯泰屡次表示反感。他把他们与骄傲而愚昧的革命家放在同一类型内，"他们自命要施善于人，可还不知道他们自己需要什么……"托尔斯泰说："我以同样的爱情爱这两种人，但我亦以同样的憎恨恨他们的主义。唯一的主义是激发一种有恒的活动，支配一种适应心魂企望底生活，而努力筹思实现他人底幸福。基督教主义便是这样的，它既无宗教的安息情调，亦无那般革命家般徒唱高调不知真正的幸福为何物底情境。"

[2]　全集卷二十六。

一幅奇妙的肖像，我见了不能不感动的[1]，说出托尔斯泰在这时代所感的痛苦。他是正面坐着，交叉着手臂，穿着农夫底衣服；他的神气颇为颓丧。他的头发还是黑的，他的胡髭已经花白。他的长须与鬓毛已经全白了。双重的皱痕在美丽宽广的额角上画成和谐的线条。这巨大的犬鼻，这副直望着你的又坦白又犀利又悲哀的眼睛，多少温和善良啊！它们看得你那么透彻。它们不啻在为你怨叹，为你可惜。眼眶下划着深刻的线条的面孔，留着痛苦的痕迹。他曾哭泣过。但他很强，准备战斗。

他有他英雄式的逻辑：

"我时常听到下面这种议论，觉得非常错异：'是的，在理论上的确不错；但在实际上又将如何？仿佛理论只是会话上必需的美丽的辞句，可绝不是要把它适合实际的！……至于我，只要我懂得了我所思索的事情，我再不能不依了我所了解的情形而做。'"[2]

他开始以照相一般准确的手法，把莫斯科底惨状照他在参观穷人区域与夜间栖留所里所见的情形描写下来[3]。他确信，这不复是，如他最初所信的那样，可以用金钱来拯救这些不幸者的，

---

[1] 一八八五年时代底照相，见全集版《我们应当做什么？》中插图。

[2] 见《我们应当做什么？》

[3] 这第一部（前面的十五章）完全被俄国检查委员会删去。

因为他们多少受着都市底毒害。于是，他勇敢地寻求灾祸底由来。一层进一层，渐渐地发现了连锁似的负责者。最初是富人，与富人们该诅咒的奢侈的享受，使人眩惑，以至堕落[1]。继之是普遍的不劳而获的生活欲。——其次是国家，为强项的人剥削其他部分的人类所造成的残忍的总体。——教会更从旁助纣为虐。科学与艺术又是共谋犯……这一切罪恶底武器，怎样能把它们打倒呢？第一要使自己不再成为造成罪恶的共犯。不参加剥削人类的工作。放弃金钱与田产[2]，不为国家服务。

但这还不够，更应当"不说谎"，不惧怕真理。应当"忏悔"，排斥与教育同时种根的骄傲。末了，应当"用自己的手劳作"。"以你额上流着的汗来换取你的面包"这是第一条最主要的诫条[3]。

---

[1] "造成悲惨底主因是财富逐渐积聚在不生产的人手中，集中于大都会里。富人们群集在都市中以便享乐与自卫。穷人们到城里来仰他们的鼻息，拾他们的唾余以苟延生命。奇怪的是这些穷人中竟有许多是工人，并不去做易于挣钱的事情，如经商，垄断，行乞，舞弊，甚至抢劫。"

[2] "罪恶底主因是产业。产业只是一项享受别人底工作底方法。"——托尔斯泰又言：产业不是属于我们而是属于他人的东西。"男人把他的妻，子，奴仆，物，称为他的产业；但现实证明他的错误；他应当放弃，否则唯有自己痛苦而令人受苦。"托尔斯泰已预感到俄国的革命，他说："三四年来，路人在谩骂我们，斥我们为懒虫。被压迫民众底愤恨与轻蔑天天在增长。"（见《我们应当做什么？》）

[3] 农民革命者蒲大留（Bondareff）曾愿这条律令成为全世界的律令。因此，

托尔斯泰为预先答复特殊阶级底嘲笑起见，说肉体的劳作决不会摧残灵智的力量，反而助它发展，适应本性底正常的需要。健康只会因之更加增进，艺术也因之进步。而且，它更能促进人类底团结。

在他以后的作品中，托尔斯泰又把这些保持精神健康的方法加以补充。他殚精竭虑地筹思如何救治心魂，如何培养元气，同时又须排除麻醉意识底畸形的享乐[1]和灭绝良知底残酷的享乐[2]。他以身作则。一八八四年，他牺牲了他最根深蒂固的嗜好：行猎[3]。他实行持斋以锻炼意志；宛如一个运动家自己定下严厉的

托尔斯泰是受了他和另一个农人苏太伊夫 (Sutaiev) 底影响："我一生，在道德上受了两个俄国思想家底影响，他们使我的思想更为充实，为我解释了我自己的宇宙观：这两个人是农民苏太伊夫与蒲大留。"（见前书）在本书中，托尔斯泰描写苏太伊夫底相貌，记有与他的谈话录。

[1]　一八九五年发行的《烟草与酒精》，又名《畸形的享乐》，俄罗斯原文中又注着：《为何人们会麻醉》。

[2]　《残忍的享乐》，印行于一八九五年，中分：肉食者，战争，行猎。

[3]　托尔斯泰克制他这件嗜好是费了不少苦心，因为行猎是他最心爱的一种消遣，这且是他的父亲遗传给他的。他不是感伤的人，他亦不见得对于兽类有何怜悯。他的眼睛简直不大注视这些畜类底——有时是那么富于表情的——眼睛。除了马，他具有一切贵族底癖好。实际上，他具有残忍的本能。他曾讲起他一棍打死了的狼时，他感有一种特殊的快感。他的后悔的情操，发现得很晚。

规条，迫使自己奋斗与战胜。

《我们应当做什么？》这是托尔斯泰离开了宗教默想底相当的平和，而卷入社会漩涡后所取的艰难的途径底第一程。这时候便开始了这二十载底苦斗，孤独的伊阿斯拿耶老人在一切党派之外，（并指责他们，）与文明底罪恶与谎言对抗着。

在他周围，托尔斯泰底精神革命并没博得多少同情；它使他的家庭非常难堪。

好久以来，托尔斯泰伯爵夫人不安地观察着她无法克服的病症底进展。自一八七四年起，她已因为她的丈夫为了学校白费了多少精神与时间，觉得十分懊恼。

"这启蒙读本，这初级算术，这文法，我对之极端轻视，我不能假装对之发生兴趣。"

但当教育学研究之后继以宗教研究的时候，情形便不同了。伯爵夫人对于托尔斯泰笃信宗教后的初期的诉述觉得非常可厌，以至托尔斯泰在提及上帝这名辞时不得不请求宽恕：

"当我说出上帝这名辞时，你不要生气，如你有时会因之生气那样；我不能避免，因为他是我思想底基础。"[1]

无疑的，伯爵夫人是被感动了；她努力想隐藏她的烦躁的心情；但她不了解；她只是不安地注意着她的丈夫：

[1] 一八七八年夏。

"他的眼睛非常奇特，老是固定着。他几乎不开口了。他似乎不是这个世界上的人。"[1]

她想他是病了：

"据雷翁自己说他永远在工作。可怜！他只写着若干庸俗不足道的宗教论辩。他阅览书籍，他冥想不已，以至使自己头痛，而这一切不过是为要表明教会与福音书主义底不一致。这个问题在全俄罗斯至多不过有十余人会对之发生兴趣而已。但这是无法可想的。我只希望一点：这一切快快地过去，如一场疾病一般。"[2]

疾病并不减轻。夫妇间的局势愈来愈变得难堪了。他们相爱，他们有相互的敬意；但他们不能互相了解。他们勉力，作相互的让步，但这相互的让步惯会变成相互的痛苦。托尔斯泰勉强跟随着他的家族到莫斯科。他在《日记》中写道：

"生平最困苦的一月。侨居于莫斯科。大家都安置好了。可是他们什么时候开始生活呢？这一切，并非为生活，而是因为别人都是这样做！可怜的人！……"[3]

同时，伯爵夫人写道：

"莫斯科。我们来此，到明日已届一月了。最初两星期，我

---

[1]　一八七八年十一月十八日。

[2]　一八七九年十一月。

[3]　一八八一年十月五日。

每天哭泣，因为雷翁不独是忧郁，而且十分颓丧。他睡不熟，饮食不进，有时甚至哭泣，我曾想我将发疯。"[1]

他们不得不分离若干时。他们为了互相感染的痛苦而互相道歉。他们是永远相爱着！……他写信给她道：

"你说：'我爱你，你却不需要我爱你。'不，这是我唯一的需要啊……你的爱情比世界上一切都更使我幸福。"[2]

但当他们一朝相遇的时候，龃龉又更进一层。伯爵夫人不能赞成托尔斯泰这种宗教热，以至使他和一个犹太教士学习希伯莱文。

"更无别的东西使他发生兴趣。他为了这些蠢事而浪费他的精力。我不能隐藏我的不快。"[3]

她写信给他道：

"看到以这样的灵智的力量去用在锯木，煮汤，缝靴的工作上，我只感到忧郁。"

而她更以好似一个母亲看着她的半疯癫的孩子玩耍般的动情与嘲弄的微笑，加上这几句话：

"可是我想到俄国的这句成语而安静了：尽管孩子怎样玩罢，只要他不哭。"[4]

---

[1] 一八八一年十月十四日。

[2] 一八八二年三月。

[3] 一八八二年。

[4] 一八八四年十月二十三日。

但这封信并没寄出，因为她预想到她的丈夫读到这几行的时候，他的善良而天真的眼睛会因了这嘲弄的语气而发愁；她重新拆开她的信，在爱底狂热中写道：

"突然，你在我面前显现了，显现得那么明晰，以至我对你怀着多少温情！你具有那么乖，那么善，那么天真，那么有恒的性格，而这一切更被那广博的同情底光彩与那副直透入人类心魂的目光烛照着……这一切是你所独具的。"

这样，两个子互相爱怜，互相磨难，以后又为了不能自禁地互相给与的痛苦而懊丧烦恼。无法解决的局面，延宕了三十年之久，直到后来，这垂死的李尔王在精神迷乱的当儿突然逃往西伯利亚的时候才算终了。

人们尚未十分注意到《我们应当做什么？》底末了有一段对于妇女底热烈的宣言。——托尔斯泰对于现代的女权主义毫无好感[1]。但对于他所称为"良母的女子"，对于一般认识人生真意义的女子，他却表示虔诚的崇拜；他称颂她们的痛苦与欢乐，怀孕与母性，可怕的苦痛，毫无休息的岁月，和不期待任何人报酬底无形的劳苦的工作，他亦称颂，在痛苦完了，尽了自然律底使

---

[1]　"只有在男子们不依照真正的工作律令底社会里，才能产生这种所谓女权运动。没有一个正当工人底妻子会要求参与矿中或田间的工作。实际上，她们只要求参与富人阶级底幻想工作。"

命的时候，她们心魂上所洋溢着的完满的幸福。他描绘出一个勇敢的妻子底肖像，是对于丈夫成为一个助手而非阻碍的女子。她知道，"唯有没有酬报的为别人的幽密的牺牲才是人类底天职。"

"这样的一个女子不独不鼓励她的丈夫去做虚伪欺妄的工作，享受别人底工作成绩；而且她以深恶痛绝的态度排斥这种活动，以防止她的儿女们受到诱惑。她将督促她的伴侣去担负真正的工作，需要精力不畏危险的工作……她知道孩子们，未来的一代，将令人类看到最圣洁的范型，而她的生命亦只是整个地奉献给这神圣的事业的。她将在她的孩子与丈夫底心灵中开发他们的牺牲精神……统制着男子，为他们的安慰者的当是此等女子。……啊良母的女子！人类底运命系在你们手掌之间！"[1]

这是一个在乞援在希冀的声音底呼唤……难道没有人听见么？……

几年之后，希望底最后一道微光也熄灭了：

"你也许不信；但你不能想象我是多么孤独，真正的我是被我周围的一切人士蔑视到如何程度。"[2]

最爱他的人，既如此不认识他精神改革底伟大性，我们自亦不能期待别人对他有何了解与尊敬了。屠克涅夫——是托尔

---

[1] 这是《我们应当做什么？》底最后几行。时代是一八八六年二月十四日。

[2] 致友人书。

斯泰为了基督徒式的谦卑精神——并非为了他对他的情操有何改变——而欲与之重归旧好的 [1]，——曾幽默地说："我为托尔斯泰可惜，但法国人说得好，各人各有扑灭虱蚤的方式。" [2]

几年之后，在垂死的时候，屠克涅夫写给托尔斯泰那封有名的信，在其中他请求他的"朋友，俄罗斯底大作家"，"重新回到文学方面去"。[3]

全欧洲底艺术家都与垂死的屠克涅夫表示同样的关切，赞同他的请求。特·伏葛在一八八六年所写的《托尔斯泰研究》一书末了，他借着托尔斯泰穿农人衣服底肖像，向他作婉转的讽劝：

"杰作底巨匠，你的工具不在这里！……我们的工具是笔；我们的园地是人类的心魂，它是亦应该受人照拂与抚育的。譬如莫斯科底第一个印刷工人，当被迫着去犁田的时候，他必将喊道：'我与散播麦种的事是无干的，我的职务只是在世界上散播灵智的种子。'"

这仿佛是认为托尔斯泰曾想放弃他散播精神食粮的使

---

[1] 言归旧好的事情是在一八七八年。托尔斯泰致书屠克涅夫请其原谅。屠克涅夫于一八七八年八月到伊阿斯拿耶·波里阿那访他。一八八一年七月，托尔斯泰回拜他。大家对于他举动底改变，他的温和，他的谦虚都感着惊讶。他仿佛是再生了。

[2] 致卜龙斯基书。（见皮吕高夫引述）

[3] 一八八三年六月二十八日在 Bougival 地方所发的信。

命!……在《我的信仰底寄托》[1]底终了，他写道：

"我相信我的生命，我的理智，我的光明，只是为烛照人类而秉有的。我相信我对于真理底认识，是用以达到这目标的才能，这才能是一种火，但它只有在燃烧的时候才是火。我相信我的生命底唯一的意义是生活在这在我内心的光明中，把它在人类面前擎得高高地使他们能够看到。"[2]

但这光明，这"只有在燃烧的时候才是火"的火，使大半的艺术家为之不安。其中最聪明的也预料到他们的艺术将有被这火焰最先焚毁的危险。他们为了相信全部艺术受到威胁而惶乱，而托尔斯泰，如普洛斯班洛[3]一样，把他创造幻象的魔棒永远折毁了。

但这些都是错误的见解；我将表明托尔斯泰非特没有毁灭艺术，反而把艺术中一向静止的力量激动起来，而他的宗教信仰也非特没有灭绝他的艺术天才，反而把它革新了。

---

[1] 俄文原版第十二章。

[2] 我们注意到在他责备托尔斯泰的文中，特·伏葛不知不觉间也采用了托尔斯泰底语气，他说："不论是有理无理，也许是为了责罚，我们才从上天受到这必须而美妙的缺点：思想……摈弃这十字架是一种亵渎的反叛。"（见《俄国小说论》一八八六年）——可是托尔斯泰在一八八三年时写信给他的姑母说："各人都应当负起他的十字架……我的，是思想底工作，坏的，骄傲的，充满着诱惑。"

[3] 译者注：普洛斯班洛 (Prospero) 是莎士比亚《狂风暴雨》中的人物。

一三

奇怪的是人们讲起托尔斯泰关于科学与艺术的思想时，往常竟不注意他表露这些思想最重要的著作：《我们应当做什么？》（一八八四———一八八六）。在此，托尔斯泰第一次攻击科学与艺术；以后的战斗中更无一次是与这初次冲突时的猛烈相比拟。我们奇怪最近在法国的科学与知识阶级底虚荣心加以攻击之时，竟没有人想起重新浏览这些文字。它们包含着对于下列种种人物底最剧烈的抨击："科学底宦官"，"艺术底僭越者"，那些思想阶级，自从打倒了或效忠了古昔的统治阶级（教会，国家，军队）之后，居然占据了他们的地位，不愿或不能为人类尽些微的力，借口说人家崇拜他们，并盲目地为他们效劳，如主义一般宣扬着一种无耻的信仰，说什么为科学的科学，为艺术的艺术，——这是一种谎骗的面具，借以遮掩他们个人的自私主义与他们的空虚。

"不要以为，"托尔斯泰又说，"我否定艺术与科学。我非特不否定它们，而是以它们的名义我要驱逐那些出卖殿堂的人。"

"科学与艺术和面包与水同样重要，甚至更重要……真的科学是对于天职的认识，因此是对于全人类底真正的福利的认识。

真的艺术是认识天职底表白，是认识全人类底真福利底表白。"

他颂赞的人，是："自有人类以来，在竖琴或古琴上，在言语或形象上，表现他们对着欺罔的奋斗，表现他们在奋斗中所受的痛苦，表现他们的希望善获得胜利，表现他们为了恶底胜利而绝望和为了企待未来的热情。"

于是，他描画出一个真艺术家底形象，他的辞句中充满着痛苦的与神秘的热情：

"科学与艺术底活动只有在不僭越任何权利而只认识义务的时候才有善果。因为牺牲是这种活动底原素，故才能够为人类称颂。那些以精神的劳作为他人服务的人，永远了要完成这事业而受苦：因为唯有在痛苦与烦闷中方能产生精神的境界。牺牲与痛苦，便是思想家与艺术家底运命：因为他的目的是大众底福利。人是不幸的，他们受苦，他们死亡，我们没有时间去闲逛与作乐。思想家或艺术家从不会，如一般人素所相信的那样，留在奥令配克山底高处，他永远处于惶惑与激动中。他应当决定并说出何者能给予人类的福利，何者能拯万民于水火；他不决定，他不说出，明天也许太晚了，他自己也将死亡了……并非是在一所造成艺术家与博学者的机关中教养出来的人，（且实在说来，在那里，人们只能造成科学与艺术底破坏者；）亦非获得一纸文凭或享有俸给的人会成为一个思想家或艺术家；这是一个自愿不思索不表白他的灵魂底蕴藉，但究竟不能不表白的人：因为他是被两种无形的力量所驱使着：这是他的内在的需要与他对于人类的爱情。决没有心广体胖，自得自满的艺术家。"[1]

这美妙的一页，在托尔斯泰底天才上不啻展开了悲剧的面目，它是在莫斯科惨状所给予他的痛苦底直接印象之下，和在认科学与艺术是造成现代一切社会的不平等与伪善的共同犯这信念中写成的。——这种信念他从此永远保持着。但他和世界底悲惨初次接触后的印象慢慢地减弱了；创痕也渐次平复了[2]；在他以后的著作中，我们一些也找不到象这部书中的痛苦的呻吟与报复式的忿怒。无论何处也找不到这个以自己的鲜血来创造艺术家底宣道，这种牺牲，与痛苦底激动，说这是"思想家底宿命"，这种对于歌德式的艺术至上主义底痛恶。在以后批评艺术的著作中，他是以文学的观点，而没有那么浓厚的神秘色彩来讨论了，在此，艺术问题是和这人类底悲惨底背景分离了，这惨状一向是使托尔斯泰想起了便要狂乱，如他看了夜间栖留所的那天晚上回到家里便绝望地哭泣叫喊一般。

这不是说他的带有教育意味的作品有时会变得冷酷的。冷酷，于他是不可能的。直到他逝世为止，他永远是写给法德信中的人物：

---

[1] 见《我们应当做什么？》第三七八——九页。

[2] 他甚至要辩明痛苦，——不独是个人的而且是别人的痛苦。"因为抚慰别人底创痛才是理性生活底要素。对于一个劳动者，他的工作的对象怎么会变为痛苦的对象？这仿佛如农夫说一块没有耕种的田于他是一桩痛苦一般。"

"如果人们不爱他的人群，即是最卑微的，也应当痛骂他们，痛骂到使上天也为之脸红耳赤，或嘲笑他们使他们肚子也为之气破。"[1]

在他关于艺术的著作中，他便实践他的主张。否定的部分——谩骂与讥讽——是那么激烈，以至艺术家们只看到他的谩骂与讥讽。他也过分猛烈地攻击他们的迷信与敏感，以至他们把他认做不独是他们的艺术之敌，而且是一切艺术之敌。但托尔斯泰底批评，是永远紧接着建设的。他从来不为破坏而破坏，而是为建设而破坏。且在他谦虚的性格中，他从不自命建立什么新的东西；他只是防卫艺术，防卫它不使一般假的艺术家去利用它，损害它的荣誉。一八八七年，在他那著名的《艺术批评》[2]问世以前十年，他写信给我道：

"真的科学与真的艺术曾经存在，且将永远存在。这是不能且亦不用争议的。今日一切的罪恶是由于一般自命为文明人，——他们旁边还有学者与艺术家——实际上都是如僧侣一样的特权阶

[1] 据一八六〇年二月二十三日通讯。——托尔斯泰所以不喜屠克涅夫底哀怨病态的艺术者以此。

[2] 这封信底日期是一八八七年十月四日，曾于一九〇二年发表于巴黎《半月刊》上。

《艺术论》（译者按：依原文直译是《何谓艺术？》今据国内已有译名）于一八九七——九八年间印行，但托尔斯泰筹思此书已有十五年之久。

级之故。这个阶级却具有一切阶级底缺点。它把社会上的原则降低着来迁就它本身的组织。在我们的世界上所称为科学与艺术的只是一场大骗局，一种大迷信，为我们脱出了教会底古旧迷信后会堕入的新迷信。要认清我们所应趱奔的道路，必得从头开始，——必得把使我觉得温暖但遮掩我的视线的风帽推开。诱惑力是很大的。或是我们生下来便会受着诱惑的，或者我们一级一级爬上阶梯；于是我们处于享有特权的人群中，处于文明，或如德国人所说的文化底僧侣群中了。我们应当，好似对于婆罗门教或基督教教士一样，应当有极大的真诚与对于真理的热爱，才能把保障我们的特权底原则重新加以审核。但一个严正的人，在提出人生问题时，决不能犹豫。为具有明察秋毫的目光起见，他应当摆脱他的迷信，虽然这迷信于他的地位是有利的。这是必不可少的条件……没有迷信。使自己处在一个儿童般的境地中，或如笛卡儿一样的尊重理智……"

这权利阶级所享受的现代艺术底迷信，这"大骗局"，被托尔斯泰在他的《艺术论》中揭发了。用严厉的辞句，他抉发它的可笑，贫弱，虚伪，根本的堕落。他排斥已成的一切。他对于这种破坏工作感有如儿童毁坏他的玩具，一般的喜悦。这批评全部充满着调笑的气氛，但也含有许多偏狂的见解，这是战争。托尔斯泰使用种种武器随意乱击，并不稍加注意他所抨击的对象底真面目。往往，有如在一切战争中所发生的那样，他攻击他其实应该加以卫护的人物，如：易卜生或贝多芬。这是因为他过于激动了，在动作之前没有相当的时间去思索，也因为他的热情使他对于他的理由底弱点，完全盲目，且也——我们应当说——因为他的艺术修养不充分之故。

在他关于文学方面的浏览之外，他还能认识什么现代艺术？他看到些什么绘画，他能听到些什么欧罗巴音乐，这位乡绅，四分之三的生活都消磨在莫斯科近郊底乡村中，自一八六〇年后没有来过欧洲；——且除了唯一使他感到兴趣的学校之外，他还看到些什么？——关于绘画，他完全摭拾些道听途说的话，毫无秩序的引述，他所认为颓废的，有毕维斯 (Puvis de Chavanne)，玛奈 (Manet)，莫奈 (Monet)，鲍格冷 (Bocklin)，史多克 (Stuck)，克林裘 (Klinger)，他为了他们所表现的善良的情操而佩服的，有于勒·勃勒东 (Jules Breton)，莱尔弥德 (Lhermitte)，但他蔑视弥盖朗琪罗，且在描写心灵的画家中，亦从未提及项勃朗 (Rembrandt)。——关于音乐，他比较更能感觉[1]，但亦并不认识：他只留在他童年底印象中，只知道在一八四〇年时代已经成了古典派的作家，此后的作家他一些不知道了（除了却各夫斯基，他的音乐使他哭泣）；他把勃拉姆斯 (Brahms) 与李查·史脱洛斯

[1] 关于这点，我将在论及《克莱采朔拿大》时再行提及。

(Richard Strauss) 同样加以排斥，他竟教训贝多芬 [1]，而在批判华葛耐时，只听到一次《西葛弗烈特》(Siegfried) 便自以为认识了他全部，且他去听《西葛弗烈特》，还是在上演开始后进场而在第二幕中间已经退出的 [2]。——关于文学的知识，当然较为丰富。但不知由于何种奇特的错误，他竟避免去批判他认识最真切的俄国作家，而居然去向外国诗人宣道，他们的思想和他的原来相差极远，他们的作品也只被他藐视地随手翻过一遍！ [3]

他的武断更随了年龄而增长。他甚至写了一整部的书以证明莎士比亚"不是一个艺术家"。

"他可以成为任何角色；但他不是一个艺术家。" [4]

这种肯定真堪佩服！托尔斯泰不怀疑。他不肯讨论。他握有

---

[1]　他的偏执自一八八六年更加厉害了。在《我们应当做什么？》一书中，他还不敢得罪贝多芬，也不敢得罪莎士比亚。他反而责备当代的艺术家敢指摘他们。"迦里莱（Galiléo），莎士比亚，贝多芬底活动和嚣俄，华葛耐们底绝无相似之处。正如圣徒们不承认与教皇有何共通性一般。"（见上述书）

[2]　那时他还想在第一幕未完前就走掉。"为我，问题是解决了，我更无疑惑。对于一个能想象出这些情景的作家没有什么可以期待。我们可以预言他所写的东西永远是坏的。"

[3]　大家知道，他为要在法国现代诗人作品中作一选择起见，曾发明这可惊的原则："在每一部书中，抄录在第二十八页上的诗"。

[4]　《莎士比亚论》（一九〇三）——写作这部书的动机是由于 Ernest Grosby 底一篇关于《莎士比亚与劳工阶级》底论文所引起的。

真理。他会和你说：

"第九交响乐是一件分离人群的作品。"[1]

或：

"除了罢哈 (Bach) 底著名的小提琴调与晓邦 (Chopin) 底 E 调夜曲，及在罕顿 (Haydn)，莫札尔德 (Mozart)，舒倍尔脱 (Schubert)，贝多芬，晓邦等底作品中选出的十几件作品，——且也不过这些作品中的一部分——之外，其他的一切都应该排斥与蔑视，如对付分离人群的艺术一般。"

或：

"我将证明莎士比亚简直不能称为一个第四流的作家。且在描写人性的一点上，他是完全无能的。"

不论世界上其他的人类都不赞同他的意见，可不能阻止他，正是相反！

"我的见解，他高傲地写道，是和欧洲一切对于莎士比亚底见解不同的。"

在他对于谎言底纠缠中，他到处感觉到有谎言；而一种愈是普遍地流行的思念，他愈要加以攻击；他不相信，他猜疑，如他说起莎士比亚底光荣的时候，说："这是人类永远会感受的一种

---

[1] 原文：是"第九交响乐不能联合一切人，只能联合一小部分，为它把他们和其余的人分离着的。"

传染病式的影响。中世纪底十字军，相信妖术，追求方士炼丹之术都是的。人类只有在摆脱之后才能看到他们感染影响时的疯狂。因了报纸底发达，这些传染病更为猖獗。"——他还把"特莱斐事件"(Affaire Dreyfus) 作为这种传染病底最近的例子。他，这一切不公平底仇敌，一切被压迫者底防卫者，他讲起这大事件时竟带着一种轻蔑的淡漠之情[1]。这个显明的例子，可以证明，他矫枉过正的态度把他对于谎言的痛恨与指斥"精神传染病"的本能，一直推到何等极端的地步。他自己亦知道，可无法克制。人类道德底背面，不可思议的盲目，使这个洞察心魂的明眼人，这个热情的唤引者，把《李尔王》当作"拙劣的作品"。把高傲的高特丽亚 (Cordelia——李尔王底女儿，一个模范的孝女——译者注) 当作"毫无个性的人物"[2]。

---

[1] "这是一件常有的事情，从未引起任何人注意的，我不说普世的人，但即是法国军界也从未加以注意。"以后他又说："大概要数年之后，人们才会从迷惘中醒悟，懂得他们全然不知特莱斐究竟是有罪无罪，而每个人都有比这特莱斐事件更重大更直接的事情须加注意。"（《莎士比亚论》）

[2] "《李尔王》是一出极坏，极潦草的戏剧，它只令人厌恶。"——《奥丹洛》(Othello) 比较博得托尔斯泰底好感，无疑是因为它和他那时代关于婚姻和嫉妒底见解相合之故。"它固然是莎士比亚最不恶劣的作品，但亦只是一组夸大的言语底联合罢了。"哈姆雷德这人物毫无性格可言；"这是作者底一架留声器，它机械地屡述作者底思想。"至于《狂风暴雨》(la Tempete),Cymbeline，Troïlus 等，他只是为了它们的"拙劣"而提及。他

但也得承认他很明白地看到莎士比亚底若干缺点，为我们不能真诚地说出的；例如，诗句底雕琢，笼统地应用于一切人物的，热情底倾诉，英雄主义，单纯质朴。我完全懂得，托尔斯泰在一切作家中是最少文学家气质的人，故他对于文人中最有天才的人底艺术，自然没有多少好感。但他为何要耗费时间去讲人家所不能懂得的事物？而且批判对于你完全不相干的世界又有什么价值？

如果我们要在这些批判中去探寻那些外国文学底门径，那么这些批判是毫无价值的。如果我们要在其中探寻托尔斯泰底艺术宝钥，那么，它的价值是无可估计的。我们不能向一个创造的天才要求大公无私的批评。当华葛耐、托尔斯泰在谈起贝多芬与莎士比亚时，他们所谈的并非是贝多芬与莎士比亚，而是他们自身；他们在发表自己的理想。他们简直不试着骗我们。批判莎士比亚时，托尔斯泰并不使自己成为"客观"。他正责备莎士比亚底客

认为莎士比亚底唯一的自然的人物，是 Falstaff，"正因为在此，莎士比亚底冷酷与讥讽的言语和剧中人底虚荣，矫伪，堕落的性格相合之故。"可是托尔斯泰并不永远这么思想。在一八六〇——一八七〇年间，他很高兴读莎士比亚底剧作，尤其在他想编一部关于彼得一世的史剧底时代。在一八六九年笔记中，我们可以看出他即把哈姆雷德作为他的模范与指导。他在提及他刚好完成的工作《战争与和平》之后，他说："哈姆雷德与我将来的工作，这是小说家底诗意用于描绘性格。"

观的艺术。《战争与和平》底作者，无人格性的艺术底大师，对于那些德国批评家，在歌德之后发见了莎士比亚，发见了"艺术应当是客观的，即是应当在一切道德价值之外去表现故事，——这是否定以宗教为目的底艺术。"这种理论的人，似乎还轻蔑得不够。

因此托尔斯泰是站在信仰底高峰宣布他的艺术批判，在他的批评中，不必寻觅任何个人的成见。他并不把自己作为一种模范；他对于自己的作品和对于别人底作品同样毫无怜惜[1]。那么，他愿望什么，他所提议的宗教理想对于艺术又有什么价值？

这理想是美妙的。"宗教艺术"这名辞，在含义底广博上容易令人误会。其实，托尔斯泰并没限制艺术，而是把艺术扩大了。艺术，他说，到处皆是。

"艺术参透我们全部的生活，我们所称为艺术的：戏剧，音乐会，书籍，展览会，只是极微小的部分而已。我们的生活充满了各色各种的艺术表白，自儿童底游戏直至宗教仪式。艺术与言语是人类进步底两大机能。一是沟通心灵的，一是交换思想的。如果其中有一个误入歧途，社会便要发生病态。今日底艺术即已

---

[1]　他把他的幻想之作亦列入"坏的艺术"中。（见《艺术论》）——他在批斥现代艺术时，也不把他自己所作的戏剧作为例外，他批评道："缺少未来戏剧所应作为基础的宗教观念。"

走入了歧途。"

自文艺复兴以来，我们再不能谈起基督教诸国底一种艺术。各阶级是互相分离了。富人，享有特权者，僭越了艺术底专利权；他们依了自己的欢喜，立下艺术底水准。在远离穷人的时候，艺术变得贫弱了。

"不靠工作而生活的人所感到的种种情操，较之工作的人所感到的情操要狭隘得多。现代社会底情操可以概括为三：骄傲，肉感，生活底困倦。这三种情操及其分枝，差不多造成了富人阶级底全部艺术题材。"

它使世界腐化，使民众颓废。助长淫欲，它成为实现人类福利底最大障碍。而且它也没有真正的美，不自然，不真诚，——是一种造作的，肉的艺术。

在这些美学者底谎言与富人底消遣品前面，我们来建立起活的，人间的，联合人类，联合阶级，团结国家的艺术。过去便有光荣的榜样。

"我们所认为最崇高的艺术：永远为大多数的人类懂得并爱好的，创世纪底史诗，福音书底寓言，传说，童话，民间歌谣。"

最伟大的艺术是传达时代底宗教意识的作品。在此不要以为是一种教会底主义。"每个社会有一种对于人生底宗教观：这是整个社会都向往的一种幸福底理想。"大家都有一种情操，不论感觉得明显些或暗晦些；若干前锋的人便明白确切地表现出来。

"永远有一种宗教意识。这是河床。"[1]

我们这时代底宗教意识，是对于由人类友爱造成的幸福的企望。只有为了这种结合而工作的才是真正的艺术。最崇高的艺术，是以爱底力量来直接完成这事业的艺术。但以愤激与轻蔑的手段攻击一切反博爱原则的事物，也是一种参加这事业的艺术。例如，狄根司底小说，杜斯退益夫斯基底作品，嚣俄底《悲惨人物》，米勒底绘画。即是不达到这高峰的，一切以同情与真理来表现日常生活的艺术亦能促进人类底团结。例如邓几枭脱 (Don Quichotte)，与莫利哀底戏剧。当然，这最后一种艺术往往因为它的过于琐碎的写实主义与题材底贫弱而犯有错误，"如果我们把它和古代的模范，如《约瑟行述》来相比的时候。"过于真切的枝节会妨害作品，使它不能成为普遍的。

"现代作品常为写实主义所累，我们更应当指斥这艺术上狭隘的情调。"

这样，托尔斯泰毫无犹豫地批判他自己的天才底要素。对于他，把他自己整个地为了未来而牺牲，使他自己什么也不再存留，也是毫无关系的。

"未来的艺术定不会承继现在的艺术，它将建筑于别的基础之上。它将不复是一个阶级底所有物。艺术不是一种技艺，它是

***

[1] 或更确切地说："这是河流底方向。"

真实情操底表白。可是，艺术家唯有不孤独，唯有度着人类自然生活的时候，才能感到真实的情操。故凡受到人生底庇护的人，在创造上，是处于最坏的环境中。"

在将来，"将是一切有天职的人成为艺术家的。""由于初级学校中便有音乐与绘画底课程和文法同时教授儿童"，使大家都有达到艺术活动的机会。而且，艺术更不用复杂的技巧，如现在这样，它将走上简洁，单纯，明白的路，这是古典的，健全的，荷马的艺术底要素[1]。在这线条明净的艺术中表现这普遍的情操，将是何等的美妙！为了千万的人类去写一篇童话或一曲歌，画一幅像，比较写一部小说或交响乐重要而且难得多[2]。这是一片广大的，几乎还是未经开发的园地。由于这些作品，人类将懂得友爱的团结底幸福。

"艺术应当铲除强暴，而且唯有它才能做到。它的使命是要

[1] 一八七三年，托尔斯泰写道："你可以任意思想，但你作品中每个字，必须为一个把书籍从印刷所运出的推车夫也能懂得。在一种完全明白与质朴的文字中决不会写出坏的东西。"

[2] 托尔斯泰自己做出例子。他的"读本四种"为全俄罗斯所有的小学校，——不论是教内或教外的——采用。他的《通俗短篇》成为无数民众底读物。Stepane Anikine 于一九一〇年十二月七日在日内瓦大学演讲《纪念托尔斯泰》词中有言："在下层民众中，托尔斯泰底名字和'书籍'底概念联在一起了。"我们可以听到一个俄国乡人在图书馆中向管理员说："给我一个好书，一本托尔斯泰式的！"（他的意思是要一部厚厚的书。）

使天国，即爱，来统治一切。"[1]

我们之中谁又不赞同这些慷慨的言辞呢？且谁又不看到，含有多少理想与稚气的托尔斯泰底观念，是生动的与丰富的！是的，我们的艺术，全部只是一个阶级底表白，在这一个国家与别一个国家底界域上，又分化为若干敌对的领土。在欧洲没有一个艺术家底心魂能实现各种党派各个种族底团结。在我们的时代，最普遍的，即是托尔斯泰底心魂。在他的心灵上，我们相爱了，一切阶级一切民族中的人都联合一致了。他，如我们一样，体味过了这伟大的爱，再不能以欧洲狭小团体底艺术所给予我们的人类伟大心魂底残余为满足了。

---

[1] 这人类间友爱的联合，对于托尔斯泰还不是人类活动底终极；他的不知足的心魂使他怀着超过爱他一种渺茫的理想，他说："也许有一天科学将发现一种更高的艺术理想，由艺术来加以实现。"

一四

最美的理论只有在作品中表现出来时才有价值。对于托尔斯泰，理论与创作永远是相连的，有如信仰与行动一般。正当他构成他的艺术批评时，他同时拿出他所希求的新艺术底模型。这模型包括两种艺术形式，一是崇高的，一是通俗的，在最富人间性的意义上，都是"宗教的"，——一是努力以爱情来团结人类，一是对爱情底仇敌宣战。他写成了下列几部杰作：《伊凡·伊列区之死》（一八八四——八六），《民间故事与童话》（一八八一——八六），《黑暗底力量》（一八八六），《克莱采朔拿大》（一八八九），和《主与仆》（一八九五）[1]。这一个艺术时期彷如一座有两个塔尖的大寺，一个象征永恒的爱，一个象征世间底仇恨；在这个时间底终极与最高峰诞生了《复活》（一八九九）。

这一切作品，在新的艺术性格上，都和以前的大不相同。托尔斯泰不特对于艺术底目的，且对于艺术底形式也改变了见解。

---

[1] 同时代还有一部描写一匹马底美丽的小说，实际上是在他订婚至结婚后最初几年的幸福的光阴中写的。

在《我们应当做什么？》或《莎士比亚论》中，我们读到他所说的趣味与表现底原则觉得奇怪。它们大半都和他以前的大作抵触的。"清楚，质朴，含蓄"，我们在《我们应当做什么？》中读到这些标语。他蔑视一切物质的效果，批斥细磨细琢的写实主义。——在《莎士比亚论》中，他又发表关于完美与节度底纯古典派的理想。"没有节度观念，没有真正的艺术家。"——而在他的新作品中，即使这老人不能把他自己，把他的分析天才与天生的犷野完全抹煞，（在若干方面，这些天禀反而更明显，）但线条变得更明显更强烈，心魂蓄藏着更多的曲折，内心变化更为集中，宛如一头被囚的动物集中力量准备飞腾一般[1]，更为普遍的感情从一种固有色彩的写实主义与短时间的枝节中解脱出来，末了，他的言语也更富形象，更有韵味，令人感到大地的气息：总之他的艺术是深深地改变了。

他对于民众底爱情，好久以来已使他体味通俗言语之美。童时他受过行乞说书者所讲的故事底熏陶。成人而变了名作家之后，他在和乡人的谈话中得到一种艺术的乐趣。

"这些人，以后他和保尔·鲍阿伊哀说[2]，是创造的名手。当我从前和他们，或和这些背了粮袋在我们田野中乱跑的流浪者

---

[1]　《克莱采朔拿大》，《黑暗底力量》。

[2]　见一九〇一年八月二十九日巴黎《时报》。

谈话时，我曾把为我是第一次听到的言辞，为我们现代文学语言所遗忘，但老是为若干古老的俄国乡间所铸造出来的言辞，详细记录下来……是啊，言语底天才存在于这等人身上……"

他对于这种语言底感觉更为敏锐，尤其因为他的思想没有被文学窒息[1]。远离着城市，混在乡人中间过生活，久而久之，他思想的方式渐渐变得如农人一般。他和他们一样，具有冗长的辩证法，理解力进行极缓，有时混杂着令人不快的激动，老是重复说尽人皆知的事情，而且用了同样的语句。

但这些却是民间语言底缺陷而非长处。只是年深月久之后，他才领会到其中隐藏着的天才，如生动的形象，狂放的诗情，传说式的智慧。自《战争与和平》那时代始，他已在受着它的影响。一八七二年三月，他写信给史脱拉高夫 (Strakov) 说：

"我改变了我的语言与文体。民众底语言具有表现诗人所能说的一切的声音。它是诗歌上最好的调节器。即使人们要说什么过分或夸大的话，这种语言也不能容受。不象我们的文学语言般没有骨干，可以随心所欲地受人支配，完全是舞文弄墨的事情。"[2]

---

[1] 他的友人 Droujinine 于一八五六年时对他说："在文字底风格上，你是极不雕琢的，有时如一个革新者，有时如一个大诗人，有时好似一个军官写给他的同伴的信。你用了爱情所写的是美妙无比。只要你稍为变得淡漠，你的作风立刻模糊了，甚至可怕。"

[2] 见《生活与作品》。——一八七九年夏天，托尔斯泰与农人交往甚密；

他不独在风格上采取民众语言底模型；他的许多感应亦是受它之赐。一八七七年，一个流浪的说书者到伊阿斯拿耶·波里阿那来，托尔斯泰把他所讲的故事记录了好几桩。如几年之后托尔斯泰所发表的最美的《民间故事与童话》中《人靠了什么生活》与《三老人》两篇即是渊源于此[1]。

近代艺术中独一无二之作。比艺术更崇高的作品：在读它的时候，谁还想起文学这东西？福音书底精神，同胞一般的人类底贞洁的爱，更杂着民间智慧 (Sagesse populaire) 底微笑般的欢悦，单纯，质朴，明净，无可磨灭的心底慈悲，——和有时那么自然地照耀着作品的超自然的光彩！在一道金光中它笼罩着一个中心人物爱里赛老人[2]，或是鞋匠马丁，——那个从与地一样平的天窗中看见行人底脚和上帝装着穷人去访问他的人[3]。这些故事，除了福音书中的寓言之外，更杂有东方传说底香味，如他童时起

史脱拉高夫 (Strakov) 告诉我们，除了宗教之外，"他对于言语极感兴趣。他开始明白地感到平民语言底美，每天，他发现新字，每天，他更蔑视文言的言语。"

[1]　在他的读书札记中（一八六〇——一八七〇），托尔斯泰记着："Bylines 故事……极大的印象。"

[2]　见《二老人》（一八八五）。

[3]　见《爱与上帝永远一致》（一八八五）。

便爱好的《天方夜谭》中的[1]。有时是一道神怪的光芒闪耀着，使故事具有骇人的伟大。有如《农奴巴各》[2]，拚命收买土地，收买在一天中所走到的全部土地。而他在走到的时候死了。

"在山岗上，Starschina 坐在地下，看他奔跑。巴各倒下了。

——'啊！勇敢的人，壮士，你获得了许多土地。'

Starschina 站起，把一把铲掷给巴各底仆人！

——'哦，把他瘗埋罢。'

仆人一个子，为巴各掘了一个墓穴，恰如他从头到脚的长度，——他把他瘗了。"

这些故事，在诗的气氛中，几都含有福音书中的道德教训，关于退让与宽恕的：

"不要报复得罪你的人。"[3]

"不要抵抗损害你的人。"[4]

"报复是属于我的，"上帝说[5]。

（这些短篇故事刊于《全集》第十九卷。）

---

[1] 见《人靠了什么生活？》（一八八一）——《三老人》（一八八四）——《义子》（一八八六）。

[2] 这篇故事又名《一个人需要许多土地吗？》（一八八六）。

[3] 见《熊熊之火不复熄》（一八八五）。

[4] 见《大蜡烛》（一八八五）。——《蠢货伊凡底故事》。

[5] 见《义子》。

无论何处，结论永远是爱。愿建立一种为一切人类的艺术底托尔斯泰一下子获得了普遍性。在全世界，他的作品获得永无终止的成功：因为它从艺术底一切朽腐的原子中升化出来；在此只有永恒。

《黑暗底力量》一书，并不建筑于心底严肃的单纯的基础上；它绝无这种口实：这是另外的一方面。一面是神明的博爱之梦。一面是残酷的现实。在读这部戏剧时，我们可以看到托尔斯泰是否果能把民众理想化而揭穿真理！

托尔斯泰在他大半的戏剧试作中是那么笨拙[6]，在此却达到了指挥如意的境界。性格与行动布置得颇为自然：刚愎自用的尼基太 (Nikita)，亚尼茜亚 (Anissia) 底狂乱与纵欲的热情，老玛德莱娜 (Matrena) 底无耻的纯朴，养成她儿子底奸情，老阿金 (Akim) 底圣洁，——不啻是一个外似可笑而内是神明的人。——接着是尼基太底溃灭，并不凶恶的弱者，虽然自己努力要悬崖勒马，但

---

[6] 他对于戏剧发生兴趣已是相当迟晚的事。这是一八六九——一八七〇年间冬天底发现；依着他素来的脾气，他立刻有了戏剧狂。"这个冬天，我完全用于研究戏剧；好似那些直到五十岁才突然发现一向忽略的题材的人们，在其中看到许多新事物……我读了莎士比亚，歌德，普希金，高果尔，莫利哀……我愿读莎福格尔 (Sophocle) 与于里比特 (Euripide)……我卧病甚久，那时候，戏剧中的人物在我心中一一映现……"（见一八七〇年二月十七——二十一日致法德书）

终于被他的母与妻诱入堕落与犯罪之途。

"农奴是不值钱的。但她们这些野兽！什么都不怕……你们，其他的姊妹们，你们是几千几万的俄国人，而你们竟如土龙一样盲目，你们什么都不知道，什么都不知道！……农奴他至少还能在酒店里，或者在牢狱里——谁知道？——军营里学习什么东西，可是野兽……什么？她什么也不看见，不听得。她如何生长，便如何死去。完了……她们如一群盲目的小犬，东奔西窜，只把头往垃圾堆里乱撞。她们只知道她们愚蠢的歌曲：'呜——呜！呜——呜！'什么！……呜——呜？她们不知道。"[1]

以后是谋害新生婴儿的可怕的一场。尼基太不愿杀。但亚尼茜亚，为了他而谋害了她的丈夫的女人，她的神经一直为了这件罪案而拗执着痛苦着，她变得如野兽一般，发疯了，威吓着要告发他；她喊道：

"至少，我不复是孤独的了。他也将是一个杀人犯。让他知道什么叫做凶犯！"

尼基太在两块木板中把孩子压死。在他犯罪的中间，他吓呆了，逃，他威吓着要杀亚尼茜亚与他的母亲，他嚎啕，他哀求：

"我的小母亲，我不能再支持下去了！"

他以为听见了被压死的孩子底叫喊。

---

[1]　见第四幕。

"我逃到哪里去？"

这是莎士比亚式的场面。——没有上一场那样的犷野，但更惨痛的，是小女孩与老仆底对话。他们在夜里听到，猜到在外面展演的惨案。

末了是自愿的惩罚。尼基太，由他的父亲阿金陪着，赤着足，走入一个正在举行结婚礼的人群中。他跪着，他向全体请求宽恕，他自己供认他的罪状。老人阿金用痛苦的目光注视着他鼓励他：

"上帝！噢！他在这里，上帝！"

这部剧作所以具有一种特殊的艺术韵味者，更因为它采用乡人底语言。

"我搜遍我的笔记夹以写成《黑暗底力量》"，这是托尔斯泰和保尔·鲍阿依哀所说的话。

这些突兀的形象，完全是从俄国民众底讽刺与抒情的灵魂中涌现出来的，自有一种强烈鲜明的色彩，使一切文学的形象都为之黯然无色。我们感到作者在艺术家身分上，以记录这些表白与思想为乐，可笑之处也没有逃过他的手法 [1]；而在热情的使徒身分上，却在为了灵魂底黑暗而痛惜。

在观察着民众，从高处放一道光彩透破他们的黑夜的时候，

---

[1] 一八八七年正月托尔斯泰致书丹奈洛摩 (Ténéromo) 有言："我生活得很好，且很快乐。这一晌我为了我的剧本《黑暗底力量》而工作。它已完工了。"

托尔斯泰对于资产与中产阶级底更黑暗的长夜，又写了两部悲壮的小说。我们可以感到，在这时代，戏剧底形式统制着他的艺术思想。《伊凡·伊列区之死》与《克莱采朔拿大》两部小说都是紧凑的，集中的内心悲剧；在《克莱采朔拿大》中，又是悲剧底主人翁自己讲述的。

《伊凡·伊列区之死》（一八八四——八六）是激动法国民众最剧烈的俄国作品之一。本书之首，我曾说过我亲自见到法国外省的中产者，平日最不关心艺术的人对于这部作品也受着极大的感动。这是因为这部作品是以骇人的写实手腕，描写这些中等人物中的一个典型，尽职的公务员，没有宗教，没有理想，差不多也没有思想，埋没在他的职务中，在他的机械生活中，直到临死的时光方才憬然发觉自己虚度了一世。伊凡·伊列区 (Ivan Iliitch) 是一八八〇年时代底欧洲中产阶级底代表，他们读着左拉 (Emile Zola) 底作品，听着撒拉·裴娜 (Sarah Bernhardt) 底演唱，毫无信仰，甚至也不是非宗教者：因为他们既不愿费心去信仰，也不愿费心去不信仰，——他们从来不想这些。

由于对人世尤其对婚姻底暴烈的攻击与挖苦，《伊凡·伊列区之死》是一组新作品底开始；它是《克莱采朔拿大》与《复活》底更为深刻与惨痛的描写底预告。它描写这种人生（这种人生何止千万）底可怜的空虚，无聊的野心，狭隘的自满，——"至多是每天晚上和他的妻子面对面坐着，"——职业方面的烦恼，想象着真正的幸福，玩玩"非斯脱"纸牌。而这种可笑的人生为了一个更可笑的原因而丧失，当伊凡·伊列区有一天要在客厅底窗上悬挂一条窗帘而从扶梯上滑跌下来之后。人生底虚伪。疾病底虚伪。只顾自己的强健的医生底虚伪。为了疾病感到厌恶的家庭底虚伪。妻子底虚伪，她只筹划着丈夫死后她将如何生活。一切都是虚伪，只有富有同情的仆人，对于垂死的人并不隐瞒他的病状而友爱地看护着他。伊凡·伊列区"对自己感觉无穷的痛惜"，为了自己的孤独与人类底自私而痛哭；他受着极残酷的痛苦，直到他发觉他过去的生活只是一场骗局底那天，但这骗局，他还可补救。立刻，一切都变得清明了，——这是在他逝世的一小时之前。他不复想到他自己，他想着他的家族，他矜怜他们；他应当死，使他们摆脱他。

——痛苦，你在哪里？——啊，在这里……那么，你顽强执拗下去罢。——死，它在那里？——他已找不到它了。没有死只有光明。——"完了，"有人说。——他听到这些话，把它们重复地说。——"死不复存在了，"他自言自语说。

在《克莱采朔拿大》中，简直没有这种光明底显露[1]。这是一部攻击社会的狞恶可怖的作品，有如一头受创的野兽，要向他的伤害者报复。我们不要忘记，这是杀了人，为嫉妒底毒素侵蚀

[1]　这部作品底第一种法译本刊行于一九一二年。

着的凶横的人类底忏悔录。托尔斯泰在他的人物后面隐避了。无疑的，我们在对于一般的伪善的攻击中可以找到他的思想，他的语气，他所深恶痛恨的是：女子教育，恋爱，婚姻，——"这日常的卖淫"——社会，科学，医生，——这些"罪恶底播种者"……等等底虚伪。但书中的主人翁驱使作者采用粗犷的表辞，强烈的肉感的描绘——画出一个淫逸的人底全部狂热，——而且因为反动之故，更表示极端的禁欲与对于情欲的又恨又惧，并如受着肉欲煎熬底中世纪僧侣般诅咒人生。写完了，托尔斯泰自己也为之惊愕：

"我绝对没有料到，"他在《克莱采朔拿大》底跋文中说，"一种严密的论理会把我在写作这部小说的时候，引我到我现在所到达的地步。我自己的结论最初使我非常惊骇，我愿相信我的结论，但我不能……我不得不接受。"

他在凶犯波斯尼却夫 (Posdnicheff) 口中说出攻击爱情与婚姻底激烈的言论：

"一个人用肉感的眼光注视女人——尤其是他自己的妻子时，他已经对她犯了奸情。"

"当情欲绝灭的时候，人类将没有存在的理由，他已完成自然底律令；生灵底团结将可实现。"

他更依据了圣玛蒂安 (Saint Matthieu) 派的福音书论调，说："基督教的理想不是婚姻，无所谓基督教的婚姻，在基督教的观点上，婚姻不是一种进步，而是一种堕落，爱情与爱情前前后后所经历的程序是人类真正的理想底阻碍。"[1]

但在波斯尼却夫口中没有流露出这些议论之前，这些思想从没有在托尔斯泰脑中显得这样明白确切。好似伟大的创造家一样，作品推进作家；艺术家走在思想家之前。——可是艺术并未在其中有何损失。在效果底力量上，在热情底集中上，在视觉底鲜明与犷野上，在形式底丰满与成熟上，没有一部托尔斯泰底作品可和《克莱采朔拿大》相比。

现在我得解释它的题目了。——实在说，它是不切的。它令人误会作品底内容。音乐在此只有一种副作用。取消了朔拿大：什么也不会改变。托尔斯泰把他念念不忘的两个问题混在一起——他认为音乐与恋爱都具有使人堕落的力量——这是错误的。关于音乐底魔力，须由另一部专书讨论；托尔斯泰在此所给予它的地位，不是证实他所判断的危险。在涉及本问题时，我不得不有几句赘言：因为我不相信有人完全了解托尔斯泰对音乐底态度。

要说他不爱音乐是绝对不可能的。一个人只怕他所爱的事物。

---

[1] 注意托尔斯泰从未天真地相信独身与贞洁的理想，对于现在的人类是可以实现的。但依他的意思，一种理想在定义上是不能实现的，但它是唤引人类底英雄的力量底一种教训。

我们当能记忆音乐底回忆在《童年时代》中，尤其在《夫妇的幸福》中所占的地位，本书中所描写的爱情底周圈，自春至秋，完全是在贝多芬底 Quasi una fantasia 朔拿大（译者按：即俗称月光曲）底各个阶段中展演的。我们也能记忆奈克吕杜夫 [1] 与小贝蒂阿 (Pétia)[2] 在临终底前夜在内心听到的美妙的交响乐 [3]。托尔斯泰所学的音乐或许并不高妙 [4]，但音乐确把他感动至于下泪；且在他一生的某几个时代，他曾纵情于音乐。一八五八年，他在莫斯科组织一个音乐会，即是以后莫斯科音乐院底前身。他的内倩裴斯 (S.A.Bers) 在《关于托尔斯泰底回忆》中写道：

"他酷好音乐。他能奏钢琴，极爱古典派大师。他往往在工作之前 [5] 弹一会琴。很可能他要在音乐中寻求灵感。他老是为他最小的妹妹伴奏，因为他欢喜她的歌喉。我留意到他被音乐所引动的感觉，脸色微微显得苍白，而且有一种难于辨出的怪相，似

---

[1] 在《一个绅士底早晨》底终端。

[2] 见《战争与和平》——在此我且不说那《亚尔培》（一八五七）讲一个天才音乐家故事。那短篇且是极弱的作品。

[3] 参看《青年时代》中述及他学钢琴底一段。"——坡霞娜于我是一种以感伤情调来迷醉小姐们工具。"

[4] 一八七六——七七年事。

[5] 但他从未中止他对于音乐底爱好。他老年时的朋友，一个是音乐家 Goldenweiser，于一九一〇年时在伊阿斯拿耶避暑。在托尔斯泰最后一次病中，他几乎每天来为他弄音乐。

乎是表现他的恐怖。"

这的确是和这震撼他心灵深处的无名的力接触后的恐怖！在这音乐的世界中，似乎他的意志，理性，一切人生底现实都溶解了。我们只要读《战争与和平》中描写尼古拉·洛斯多夫赌输了钱，绝望着回家的那段。他听见他的妹妹娜太夏在歌唱。他忘记了一切：

"他不耐烦地等待着应该连续下去的一个音，一刹那间世界上只有那段三拍子的节奏：Oh! mio crudele affetto!"

——"我们的生活真是多么无聊，他想。灾祸，金钱，恨，荣誉，这一切都是空的……瞧，这才是真实的！……娜太夏，我的小鸽！我们且看她能否唱出 B 音……她已唱出了，谢上帝！"

他，不知不觉地唱起来了，为增强这 B 音起见，他唱和着她的三度音程。

——"喔！吾主，这真是多么美！是我给予她的么？何等的幸福！"他想；而这三度音程底颤动，把他所有的精纯与善性一齐唤醒了。在这超人的感觉旁边，他赌输的钱与他允诺的言语又算得什么！……疯狂啊！一个人可以杀人，盗窃，而仍不失为幸福。

事实上，尼古拉既不杀人，也不偷盗，音乐于他亦只是暂时的激动；但娜太夏已经到了完全迷失的顶点。这是在歌剧院某次夜会之后，"在这奇怪的，狂乱的艺术世界中，远离着现实，一切善与恶，诱惑与理性混和在一起的世界中"，她听到哥拉奇纳 (Anatole Kouraguine) 底倾诉而答应他把她带走的。

托尔斯泰年纪愈大，愈害怕音乐[1]。一八六〇年时在特莱斯特(Dresde)见过他而对他有影响的人，奥哀罢克(Auerbach)，一定更加增他对于音乐的防范。"他讲起音乐仿佛是一种颓废的享乐。据他的见解，音乐是倾向于堕落的涡流。"[2]

嘉米叶·裴莱葛(Camille Bellaigue)[3]问：在那么多的令人颓废的音乐家中，为何要选择一个最纯粹最贞洁的贝多芬？——因为他是最强的缘故。托尔斯泰曾经爱他，他永远爱他。他的最辽远的童年回忆是和《悲怆朔拿大》有关联的；在《复活》底终局，当奈克吕杜夫听见奏着en ut mineur交响乐底Andante时，他禁不住流下泪来；"他哀怜自己"——可是，在《艺术论》中，托尔斯泰论及"聋子贝多芬底病态的作品"时，表现何等激烈的怨恨；一八七六年时，他已经努力要"摧毁贝多芬，使人怀疑他的天才"，使却各夫斯基(Tchaïkovsky)大为不平，而他对于托尔斯泰的佩服之心也为之冷却了。《克莱采朔拿大》更使我们彻

---

[1] 一八六一年四月二十一日书。

[2] 见 Camille Bellaigue 著：《托尔斯泰与音乐》（一九一一年正月四日《高卢人》日报）。

[3] 在此不独是指贝多芬后期的作品。即是他认为是"艺术的"若干早期的作品，托尔斯泰也指摘"它们的造作的形式"。——在一封给却各夫斯基的信中他亦以莫扎尔德与罕顿和"贝多芬，舒曼，邦辽士等底计较效果的造作的形式"对比。

底看到这种热狂的不公平。托尔斯泰所责备贝多芬的是什么呢？他的力强。他如歌德一样，听着 en ut mineur 交响乐，受着它的震撼，忿怒地对着这权威的大师表示反动 [1]。

"这音乐，"托尔斯泰说，"把我立刻转移到和写作这音乐的人同样的精神境界内……音乐应该是国家底事业，如在中国一样。我们不能任令无论何人具有这魔术般的可怕的机能。……这些东西（《克莱采朔拿大》中的第一个 Presto），只能在若干重要的场合中许它奏演……"

但在这种反动之后，我们看到他为贝多芬底大力所屈服，而且他亦承认这力量是令人兴起高尚与纯洁之情！在听这曲子时，波斯尼却夫堕入一种不可确定的无从分析的境地内，这种境地底意识使他快乐；嫉妒匿迹了。女人也同样地被感化了。她在演奏的时候，"有一种壮严的表情"，接着浮现出"微弱的，动人怜爱的，幸福的笑容，当她演奏完了时"……在这一切之中，有何腐败堕落之处——只有精神被拘囚了，受着声音底无名的力量底支配。精神简直可以被它毁灭，如果它愿意。

这是真的；但托尔斯泰忘记一点：听音乐或奏音乐的人，大

---

[1] 据保尔·鲍阿伊哀所述："托尔斯泰请人为他奏晓那。在第四 Ballade 之终，他的眼睛中饱和了泪水。"——"啊！畜生！"他喊道。他突然站起身来，走了。（一九〇二年十一月二日巴黎《时报》所载）

半都是缺少生命或生命极庸俗的。音乐对于一般没有感觉的人是不会变得危险的。一般感觉麻木的群众，决不会受着歌剧院中所表现的《莎乐美》底病态的情感所鼓动。必得要生活富丽的人，如托尔斯泰般，方有为了这种情绪而受苦的可能。——实际是，虽然他对于贝多芬是那么不公平，托尔斯泰比今日大半崇拜贝多芬的人更深切地感到贝多芬底音乐。至少他是熟识充满在"老聋子"作品中的这些狂乱的热情，这种犷野的强暴，为今日底演奏家与乐队所茫然不解的。贝多芬对于他的恨意比着对于别人底爱戴或许更为满意呢。

一五

《复活》与《克莱采》相隔十年[1]，十年之中，日益专心于道德宣传。《复活》与这渴慕永恒的生命所期望着的终极也是相隔十年。《复活》可说是托尔斯泰艺术上的一种遗嘱，它威临着他的暮年，仿如《战争与和平》威临着他的成熟时期。这是最后的一峰或者是最高的一峰，——如果不是最威严的，——不可见的

---

[1] 《主与仆》（一八九五）是《复活》以前的暗淡的作品，与放射着慈祥的神光底《复活》中间的过渡之作。但我们觉得它更接近《伊凡·伊列区之死》与《民间故事》。本书大部分是叙述一个没有善心的主人与一个百事忍耐的仆役中间的故事，手法是非常写实的：他们两人。在雪夜底西伯利亚草原中迷失了。主人，最初想放弃他的同伴而逃走，又重新回来，发见他冻僵了，他全身覆着他，温暖他；这是本能地动作的，他自己亦不知为了什么，但他眼睛里充满着泪水：似乎他变成了他所救的人，尼基太（Nikita），他的生命也不在他自身而在尼基太了——"尼基太生；因此我还是生存的，我。"——他，伐西利（Vassili），他差不多忘掉了他是谁。他想。"伐西利不知道他应当做什么……而我，我此刻却知道了！……"他听到他所企待的声音，那个刚才命令他睡在尼基太身上的人底声音。他快乐地喊。"主，我来了！"他感到他是自由了，什么也羁留不了他了……他死了。

峰巅[1]在雾氛中消失了。托尔斯泰正是七十岁。他注视着世界，他的生活，他的过去的错误，他的信仰，他的圣洁的忿怒。他从高处注视一切。这是如在以前的作品中同样的思想，同样对于虚伪的战争，但艺术家的精神，如在《战争与和平》中一样，统制着作品；在《克莱采朔拿大》与《伊凡·伊列区》底骚动的精神与阴沉的讥讽之中，他又混入一种宗教式的静谧，这是在他内心反映着的世界中超脱出来的，我们可以说有时竟是基督徒式的歌德。

我们在最后一时期内的作品中所注意到的艺术性格，在此重复遇到，尤其是叙事底集中，在一部长篇小说中较之在短篇故事中更为明显。作品是一致的，在这一点上和《战争与和平》与《安娜小史》完全不同。几乎没有小故事底穿插。唯一的动作，在全部作品中十分紧凑地进展，而且各种枝节都搜罗净尽。如在《朔拿大》中一样，同样淋漓尽致的人物描绘。愈来愈明彻愈坚实并且毫无顾忌的写实，使他在人性中看到兽性，——“人类底可怕的顽强的兽性，而当这兽性没有发见，掩藏在所谓诗意的外表下面时更加可怕。”这些沙龙中的谈话，只是以满足肉体的需要为目的：“在播动口腔与舌头底筋肉时，可以帮助消化。”犀利的视觉，对于任何人都不稍假借，即是美丽的高却基尼 (Korchaguine) 女郎也不能免，“肱骨底前突，大拇指甲底宽

[1] 托尔斯泰预定要写第四部，实际是没有写。

阔"，她裸褂袒裎的情态使奈克吕杜夫感到"羞耻与厌恶，厌恶与羞耻"，书中的女主人，玛斯洛伐(Maslova)也不能被视为例外，她的沦落底征象丝毫不加隐匿，她的早衰，她的猥亵卑下的谈吐，她的诱人的微笑，她的酒气熏人的气味。她的满是火焰的红红的脸。枝节的描写有如自然派作家底犷野：女人踞坐在垃圾箱上讲话。诗意的想象与青春的气韵完全消失了，只有初恋底回忆，还能在我们心中引起强烈的颤动，又如那复活节前的星期六晚上，白雾浓厚到"屋外五步之处，只看见一个黑块，其中隐现着一星灯火"，午夜中的鸡鸣，冰冻的河在剥裂作响，好似玻璃杯在破碎，一个青年在玻璃窗中偷窥一个看不见他的少女，坐在桌子旁边，在黝暗的灯光之下，这是嘉多霞(Katucha)在沉思，微笑，幻梦。

作者底抒情成分占着极少的地位。他的艺术面目变得更独立，更摆脱他自己的个人生活。托尔斯泰曾努力要革新他的观察领域。他在此所研究的犯罪与革命的领域，于他一向是不认识的[1]；他只赖着自愿的同情透入这些世界中去；他甚至承认在没有仔细观察他们之前，革命者是为他所极端厌恶的。尤其令人惊佩的是他的真切的观察，不啻是一面光明无瑕的镜子。典型的人物多么丰

---

[1]　相反，他曾混入他在《战争与和平》《安娜小史》《高加索人》《塞白斯多堡》中所描绘的各种社会：贵族沙龙，军队，街头生活。他只要回忆一下便是。

富，枝节的描写多么确切！卑劣与德性，一切都以不宽不猛的态度，镇静的智慧与博爱的怜悯去观察。……妇女们在牢狱里，可哀的景象！她们毫无互相矜怜之意；但艺术家是一个温良的上帝：他在每个女人心中看到隐在卑贱以内的苦痛，在无耻的面具下看到涕泗纵横的脸。纯洁的，惨白的微光，在玛斯洛伐底下贱的心魂中渐渐地透露出来，终于变成一朵牺牲底火焰鲜明地照耀着它，这微光底动人的美，有如照在项勃朗微贱的画面上的几道阳光。毫无严厉的态度，即是对于刽子手们也不。"请宽恕他们，吾主，他们不知道他们所做的事情"，……最糟的是，他们明白自己所做的事，并且为之痛悔，但他们无法禁阻自己不做。书中特别表出一种无可支撑的宿命底情调，这宿命压迫着受苦的人与使人受苦的人——例如这典狱官，充满着天然的慈善，对于这狱吏生活，和对于他的羸弱失神的女儿一天到晚在钢琴上学习李兹 (Liszt) 底匈牙利狂想曲，同样的厌恶；——这西伯利亚城底聪明善良的统治官，在所欲行的善与不得不作的恶之间发生了无可解决的争斗，于是，三十五年以来，他拚命喝酒，可是即在酒醉的时候，仍不失他的自主力，仍不失他的庄重，——更有这些人物对于在家庭满怀着温情，但他们的职业逼使他们对于别人毫无心肝。

在各种人物底性格中，缺少客观真实性的，唯有主人翁奈克吕杜夫底，其故由于托尔斯泰把自己的思想完全寄托在他身上。这已经是《战争与和平》与《安娜小史》中最著名的人物，如安特莱亲王，比哀尔·勃苏各夫，莱维纳等底缺点，——或可说是危险。但他们的缺点比较的不严重：因为那些人物，在地位与年龄上，与托尔斯泰底精神状态更为接近。不象在此，作者在主人翁三十五岁底身体中，纳入一个格格不入的七十老翁底灵魂。我不说奈克吕杜夫底精神错乱缺少真实性，也并非说这精神病不能发生得如此突兀[1]。但在托尔斯泰所表现的那人物底性情秉赋上，在他过去的生活上，绝无预示或解释这精神病发生底原因：而当它一朝触发之后，便什么也阻拦不住了，无疑的，对于奈克吕杜夫底不道德的混合与牺牲思想底交错，自怜自叹与以后在现实前面感到的惊惧憎厌，托尔斯泰曾深切地加以标明。但他的决心绝不屈服。只是以前那些虽然剧烈究属一时的精神错乱，和这一次的实在毫无关联。什么也阻不住这优柔寡断的人了。这位亲王家里颇富有，自己也受人尊重，对于社会底舆论颇知顾虑，正在娶一位爱他而他亦并不讨厌的女子，突然决意放弃一切，财富，朋友，地位，而去娶一个娼妓，为的是要补赎他的旧愆：他的狂乱支持了几个月之久，无论受到何种磨炼，甚至听到他所要娶的妻子的人继续她的放浪生活，也不能使他气馁[2]。——在此有一种圣洁，

---

[1]　托尔斯泰也许想起他的弟弟特米德利，他也是娶了一个玛斯洛伐凡般的女人。但特米德利底暴烈而失掉平衡的性格是和奈克吕杜夫底气质不同的。

[2]　当奈克吕杜夫知道了玛斯洛伐仍和一个男护士犯奸，他更坚决地要"牺牲他的自由以补赎这个女人底罪恶"。

为杜斯退益夫斯基底心理分析能在暗晦的意识深处，能在他的主人翁底机构中，发露出它的来源的。但奈克吕杜夫绝无杜斯退益夫斯基式人物底气质。他是普通人物底典型庸碌而健全的，这是托尔斯泰所惯于选择的人物。实际上，我们明白感到，一个十分现实主义的人 [1] 和属于另一个人底精神错乱并立着；——而这另一个人，即是托尔斯泰老翁。

本书末了，在严格写实的第三部分中更杂有不必要的福音书般的结论：在此又予人以双重原素对立着的印象——因为这个人信仰底行为显然不是这主人翁底生活底论理的结果。且托尔斯泰把他的宗教参入他的写实主义亦非初次；但在以前的作品中，两种原素混和得较为完满。在此，它们同时存在，并不混合；而因为托尔斯泰底信心更离开实证，他的写实主义却逐渐鲜明而尖锐，故它们的对照愈显得强烈。这是年纪底——而非衰弱的——关系，故在连续的关节上缺少婉转自如。宗教的结论决非作品在结构上自然的结果。我确信在托尔斯泰底心灵深处，虽然他自己那么肯定，但他的艺术家底真理与他的信仰者底真理决没有完满的调和。

然而即使《复活》没有他早年作品底和谐的丰满，即使我个人更爱《战争与和平》，它仍不失为歌颂人类同情的最美的诗，——

---

[1] 托尔斯泰描绘人物底手法从没如此有力，如此稳健。可参看奈克吕杜夫在第一次出席法院以前的各幕。

最真实的诗，也许，我在本书中比在他别的任何作品中更清楚地
看到托尔斯泰底清明的目光，淡灰色的，深沉的"深入人底灵魂
的目光"[1]，它在每颗灵魂中都看到神底存在。

---

[1]　一八八四年托尔斯泰伯爵夫人信中语。

一六

托尔斯泰永远不委弃艺术。一个大艺术家，即是他愿欲，也不能舍弃他自己借以存在的理由。为了宗教的原由，他可以不发表；但他不能不写作。托尔斯泰从未中辍他的艺术创作。在伊阿斯拿耶·波里阿那地方在最后几年中见到他的保尔·鲍阿伊哀氏说他埋首于宣道或笔战的工作与纯属幻想的事业；他把这几种工作作为调剂。当他完成了什么关于社会的论著，什么《告统治者书》或《告被统治者书》时，他便再来写一部他想象了好久的美丽的故事，——如他的 Hadji Mourad 那部军队的史诗，歌咏高加索战争与山民底抵抗的作品，便是在这种情形下产生的 [1]。艺术不失为他的乐趣，他的宽弛。但他以为把艺术作为点缀未免是虚荣了 [2]。他曾编了一部《每日必读文选》（一九〇四——五）[3]，其

---

[1]　见一九〇二年十一月二日巴黎《时报》。

[2]　一九〇三年正月二十六日，他致书姑母，亚历山大·托尔斯泰伯爵夫人，有言："请不要责备我在行将就木之年还在做那无聊的事情！这些无聊的事情填塞我空闲的时间，而且使我装满了严肃的思想的头脑可以获得休息。"

[3]　这部文选，托尔斯泰视为他的主要作品之一："《每日必读文选》，是

中收集了许多作家对于人生与真理的思想，——可说是一部真正的关于世界观的文选，从东方的圣书起到现代的艺术家无不包罗净尽，——但除了本书以外，他在一九〇〇年起所写的作品几乎全部是没有印行的手写稿[1]。

反之，他大胆地，热情地发表他关于社会论战的含有攻击性的与神秘的文字。在一九〇〇年至一九一〇年间，他的最坚强的精力都消耗在社会问题底论战中，俄罗斯经历着空前的恐慌，帝国底基础显得动摇了，到了快要分崩离析的地步。日俄战争，战败以后的损失，革命的骚乱。海陆军队底叛变，屠杀，农村底暴动，似乎是"世纪末"底征兆，——好似托尔斯泰底一部著作底题目所示的那般。——这大恐慌，在一九〇四与一九〇五年间达到了顶点。那时期，托尔斯泰印行了一组引起回响的作品：《战争与

我作品中很经意的东西，我非常重视它……"（一九〇九年八月九日致 Jan Styka 书）。

[1] 这些作品到托尔斯泰死后才陆续印行。那张目录是很长的，我们可举其中重要的几部如：《戈米区老人遗著——日记》《赛越老人》《Hadji Mourad》《魔鬼》《活尸》（十二场剧）、《伪票》《疯人日记》《黑暗中的光明》（五幕剧）、《一切品性底来源》（通俗小剧），若干美丽的短篇：《舞会以后》《梦中所见》《Khodynka》等等。参看本书末托尔斯泰遗著书目。但主要作品还是托尔斯泰底《日记》。它包罗他一生中四十年的时间，从高加索参战时起直到他逝世时止；它是一个伟人所能写的最赤裸裸的忏悔录。

革命》[1]《大罪恶》《世纪末》。[2] 在这最后的十年间，他占据着唯一的地位，不独在俄罗斯，而且在全世界，唯有他，不加入任何党派，不染任何国家色彩，脱离了把他开除教籍的教会[3]。他的理智底逻辑，他的信仰底坚决，逼得他"在离开别人或离开真理的二途中择一而行"。他想起俄国的一句谚语："一个老人说谎，无异一个富人窃盗"；于是他和别人分离了，为的要说出真理。真理，他完全说给大家听了。这扑灭谎言的老人继续勇敢地抨击一切宗教的与社会的迷信，一切偶像。他不独对于古代的虐政，教会的横暴与乎皇室权贵为然；在这大家向他掷石的时候，他对于他们的愤怒也许反而稍稍平静了。人家已经认识他们，他们便不会如何可怕！而且，他们做他的职务并不欺骗人。托尔斯泰致俄皇尼古拉二世书[4]，在毫无对于帝皇应有的恭顺之中，却充满着对于人的温情，他称皇为"亲爱的兄弟"，他请他"原谅他，

---

[1] 本书底俄文名是《唯一的必需品》。

[2] 大部分在他生前都被检查委员会删节不少，或竟完全禁止发行。直到大革命为止，在俄国流行的他的作品是以手抄本的形式藏在读者底大衣袋里的。即在今日，当一切都印行了的时候，共产党底检查并不较帝国时代底检查为宽大。

[3] 他的被除教籍，是一九〇一年二月二十二日的事。起因是《复活》中有一章讲起弥撒祭底事情。这一章，在法译本中可惜被译者删掉了。

[4] 关于土地国有问题，参看《大罪恶》（一九〇五年印行）。

如果他在无意中使他不快"；他的署名是："祝你有真正的幸福的你的兄弟"。

但托尔斯泰所最不能原谅的，所最刻毒地抨击的，是新的谎言，因为旧的谎言已经暴露了真面目。他痛恨的并非是奴隶主义，而是自由底幻象。但在新偶像底崇拜者中间，我们不知托尔斯泰更恨哪一种人：社会主义者或"自由党人"。

他对于自由党人底反感已经是年深月久的事。当他在塞白斯多堡一役中当军官，而处在圣彼得堡底文人团体中的时候，他已具有这反感。这曾经是他和屠克涅夫不和的主要原因之一。这骄傲的贵族，世家出身的人物，不能忍受这些知识分子和他们的幻梦，说是不论出于自愿与否，依了他们的理想，可使国家获得真正的幸福。俄罗斯人底本色很浓，且是渊源旧族[1]，他对于自由党的新理论，这些从西方传来的立宪思想，素来抱着轻蔑的态度，而他的两次欧洲旅行也只加强了他的信念。在第一次旅行回来时，他写道：

"要避免自由主义底野心。"[2]

第二次旅行回来，他认为"特权社会"绝无权利可用它的方

[1] A.Leroy-Beaulieu 说他是"纯粹的莫斯科土著，斯拉夫血统的伟大的俄国人，芬兰底混血种，在体格上，他是更近于平民而较远于贵族"。（见一九一〇年十二月十五日法国《两球杂志》）

[2] 一八五七年。

式去教育它所不认识的民众 [1]……

在《安娜小史》中，他对于自由党人的蔑视，表现得淋漓尽致。莱维纳拒绝加入内地的民众教育与举办新政底事业。外省绅士底选举大会表出种种欺罔的组织，使一个地方从旧的保守的行政中脱换到新的自由的行政。什么也没有变，只是多了一桩谎骗，这谎骗既不能加以原谅也不值得为之而耗费几个世纪。

"我们也许真是没有什么价值，旧制度底代表者说，但我们的存在已不下千余年了。"

而自由党人滥用"民众，民众底意志……"这些辞句，益增托尔斯泰底愤懑。唉！他们知道些关于民众的什么事情？民众是什么？

尤其在自由主义获得相当的成功，将促成第一次国会底召集的时候，托尔斯泰对于立宪思想表示剧烈的反对。

"晚近以来，基督教义底变形促成了一种新的欺诈底诞生，它使我们的民众更陷于奴仆的状态。用了一种繁复的议会选举制度，使我们的民众想象在直接选出他们的代表时，他们已参与了政权，而在服从他们的代表时，他们无异服从自己的意志，他们是自由的。这是一种欺罔。民众不能表白他们的意志，即是以普选的方法也是不可能：第一，因为在一个有数百万人口的国家中，

---

[1] 一八六二年。

集团意志是不存在的；第二，即是有这种意志底存在，大多数的选举票也不会是这种意志底表白。不必说被选举人底立法与行政不是为了公众的福利而是为了维护自己的政权，——也不必说民众底堕落往往是由于选举底压迫与违法，——这谎言尤其可以致人死命，因为服从这种制度的人会堕入一种沾沾自满的奴隶状态……这些自由人不啻那些囚犯因为可以选举执掌狱中警政的狱吏而自以为享受了自由……专制国家底人民可以完全自由，即是在暴政苛敛之时。但立宪国家底人民永远是奴隶，因为他承认对他施行的强暴是合法的……瞧，人们竟欲驱使俄国人民和其他的欧洲民众同样入于奴隶状态！"[1]

---

[1] 见《世界之末日》。（一九〇五年）

托尔斯泰在致美国某日报电报底中有言："各个省议会底活动，其目的在于限制专制政府底威权，建立一个代议政府。不论他们成功与否，它必然的结果，将使社会真正的改进益为迟缓。政治的骚动，令人感到以外表的方法所做的改进工作是可怕的，把真正的进步反而停止了，这是我们可以根据一切立宪国家而断定的，如法国，英国，美国。"在答复一位请他加入平民教育推进委员会的妇人底信中，托尔斯泰对于自由党人尚有其他的指摘：他们永远做着欺诈的勾当；他们因了害怕而为独裁政制底共谋犯，他们的参政使政府获得道德上的权威，使他们习于妥协，被政府作为工具。亚历山大二世曾言一切自由党人是为了名誉而卖身，如果不是为了金钱。亚历山大三世曾经毫无危险地销毁他的父亲底自由主义的事业；自由主义者互相耳语说这使他们不快，但他们仍旧参预司法，为国家服务，为舆论效力；在舆论方面，在对于自由主义底离弃中，轻蔑统制着一切。对于社会主义，如果托尔斯泰不是禁止自己去憎恨一切，那他定会加以痛恨。他加倍地蔑视社会主义，因为它集两种谎言于一身：自由与科学。它的根据不是某种经济学，而它的绝对的定律握着世界进步的机括的吗？

托尔斯泰对于科学是非常严厉的。对这现代的迷信，"这些无用的问题。种族起源论，七色研究，镭锭原质底探讨，数目底理论，化石动物，与其他一切无益的论辩，为今日的人们和中世纪人对于圣母怀胎与物体双重性同样重视的"，托尔斯泰写着连篇累牍的文字，充满着尖利的讽刺。——他嘲弄"这些科学底奴仆，和教会底奴仆一般，自信并令人信他们是人类底救主，相信他们的颠扑不破性，但他们中间永远不能一致，分成许多小派，和教会一样，这些派别变成鄙俗不知道德底主因，且更使痛苦的人类不能早日解除痛苦，因为他们摒弃了唯一能团结人类的成分：宗教意识。"[1]

他们对于一切可以隐喻的事物作种种隐喻；但对于禁止谈论的事情便谨守缄默，他们在报纸上发表人们命令他们发表的文字。在尼古拉二世治下，他们亦是如此。"当这青年的君主一无所知，什么也不懂，无耻而冒昧地回答人民代表时，自由主义者会不会抗议？绝对不……从种种方面。人们向这年轻的帝皇表示卑鄙无耻的谄媚与恭维。"

[1]　见《战争与革命》。

当他看到这新的热狂底危险的武器落在一般自命为促使人类再生的人手中时，他不安更甚，而愤怒之情亦更加剧了。他采用强暴手段时，他无异是一个革命的艺术家。然而革命的知识分子，与理论家是他痛恨的：这是害人的迂儒，骄傲而枯索的灵魂，不爱人类而只爱自己的思想底人 [1]。

思想，且还是卑下的思想。

"社会主义底目的是要满足人类最低级的需求：他的物质的舒适。而即是这目的，还不能以它所拟的方法达到。" [2]

实际上，它是没有爱的。它只痛恨压迫者，并"艳羡富人们底安定而甜蜜的生活，它们有如簇拥在秽物周围的苍蝇。" [3] 当社会主义获得胜利时，世界底面将变得异样地可怕。欧罗巴的游民将以加倍的力量猛扑在弱小民众身上，他们将他们变成奴隶，使欧罗巴以前的无产者能够舒适地，悠闲地享乐，如罗马帝国时

---

[1] 这类人物底典型，在《复活》中有 Novodvorow，那个革命煽动者，极度的虚荣与自私窒塞了他的智慧。绝无想象，毫无怀疑。在他后面，跟随着一个由工人转变成的革命家 Markel，他的要革命是为了受人压迫，心存报复，他崇拜科学，但他根本不知何谓科学，他盲目地反对教会。在《又是三个死者》或《神与人》中，还有若干新革命青年底典型。

[2] 一九〇四年终，致日本人 Izo-Abe 书。——参看书末《亚洲答托尔斯泰书》。

[3] 见丹奈洛摩著：《托尔斯泰名言录》（社会主义章）。

代底人一样 [1]。

幸而，社会主义底最精华的力量，在烟雾中在演说中耗费了，——如姚莱斯 (Jean Jaurès) 那般：

"多么可惊的雄辩家！在他的演辞中什么都有，——而什么也没有……社会主义有些象俄国的正教。他尽管追究它，你以为抓住它了，而它突然转过来和你说：'然而不！我并非是如你所信的，我是别一样东西。'它把你玩于手掌之间……耐心啊！让时间来磨炼罢。社会主义的理论将如妇人底时装一般，会很快地从客厅里撤到下室中去的。" [2]

然而托尔斯泰这样地向自由党人与社会主义者宣战，究非为独裁政治张目；相反，这是为在队伍中消除了一切捣乱的与危险的分子之后，他的战斗方能在新旧两世界间竭尽伟大的气势。因为他亦是相信革命的。但他的革命较之一般革命家底另有一种理解：这是如中世纪神秘的信徒一般的，企待圣灵来统治未来：

"我相信在这确定的时候，大革命开始了，它在基督教的世界内已经酝酿了二千年，——这革命将代替已经残破的基督教义和从真正的基督教义衍出的统治制度，这革命将是人类底平等与真正的自由底基础，——平等与自由原是一切赋有理智的生灵所

---

[1]   同前。

[2]   托尔斯泰与保尔·鲍阿伊哀谈话。(见一九〇二年十二月四日巴黎《时报》)

希冀的。"[1]

这预言家选择哪一个时间来宣告幸福与爱底新时代呢？是俄罗斯最阴沉的时间，破灭与耻辱时间。啊！具有创造力的信心底美妙的机能啊！在它周围，一切都是光明，——甚至黑夜也是。托尔斯泰在死灭中窥见再生底先机，——在满洲战祸中，在俄国军队底瓦解中，在可怕的无政府状态与流血的阶级斗争中。他的美梦底逻辑使他在日本底胜利中获得这奇特的结论，说是俄罗斯应当弃绝一切战争：因为非基督徒的民众，在战争中往往较"曾经经历奴仆阶级的"基督徒民众占优。——这是不是教他的民族退让？——不，这是至高的骄傲。俄罗斯应当放弃一切战争，因为他应当完成"大革命"。

瞧，这伊阿斯拿耶·波里阿那底宣道者，反对暴力的老人，于不知不觉中预言着共产主义革命了![2]

"一九〇五年底革命，将把人类从强暴的压迫中解放出来的革命，应当在俄国开始。——它开始了。"

为什么俄罗斯要扮演这特选民族底角色？——因为新的革命

---

[1] 见《世界之末日》。

[2] 一八六五年始，托尔斯泰已有关于社会大混乱底预告的言语。"产业便是窃盗，这真理，只要世界上有人类存在，将比英国宪法更为真确……俄国在历史上的使命是要使世界具有土地社会公有的概念。俄国的革命只能以此原则为根据。它将不是反对帝王反对专制政治，而是反对土地私有。"

首先要补救"大罪恶"，少数富人底独占土地，数百万人民底奴隶生活 [1]，最残忍的奴隶生活。且因为没有一个民族对于这种偏枉的情况有俄罗斯民族所感的那般亲切明白 [2]。

但尤其因为俄罗斯民族是一切民族中最感染真正的基督教义的民族，而那时爆发的革命应当以基督底名义，实现团结与博爱底律令。但这爱底律令决不能完成，如果它不是依据了无抵抗那

---

[1]　最残忍的奴隶制度是令人没有土地。因为一个主人底奴隶是做一个人底奴隶，但没有土地权的人却是众人底奴隶。"（见《世界之末日》第七章）

[2]　那时代，俄罗斯的确处于一种特殊的环境中；即令托尔斯泰把俄国的特殊情形认为是欧洲全部的情形是一种错误的行为，我们可不能惊异他对于就近所见的痛苦具有特别的敏感——在《大罪恶》中，有一段他和乡人底谈话，描写那些人缺乏面包，因为他们没有土地，而他们心中都在期望能重新获得土地。俄罗斯底农民在全部人口中占有百分之八十的比例。托尔斯泰说在大地主制度之下，致千万的人都闹着饥荒。当人们和他们谈起补救这些惨状问题，言论自由问题，政教分离问题，甚至八小时工作制等等时，他们便嘲笑他们："一切装做在到处探寻拯救大众疾苦底方法的人们令人想起舞台的情况，当全部观众看见一个演员隐藏着的时候，配角的演员也同样清楚地看到的同伴，却装作完全不看见，而努力想转移大家底注意。"

除了把土地还给耕种的人以外更无别的挽救方法。为解决这土地问题起见，托尔斯泰赞成亨利·乔治（Henry Georges）底主张，实行征收地价税，而废除一切杂税。这是托氏底经济的圣经，他永远提及它，甚至在他的作品中，有时采用乔治整句的文字。

条律令 [1]。而无抵抗一向是俄罗斯民族底主要性格。

"俄罗斯民族对于当局，老是和欧洲别的国家抱着不同的态度。他从来不和当局争斗；也从来不参与政柄，因此他亦不能为政治沾污。他认为参政是应当避免的一桩罪恶。一个古代的传说，相传俄国人祈求 Variagues 来统治他们。大多数的俄国人素来宁愿忍受强暴的行为而不加报复。他们永远是屈服的……"

自愿的屈服与奴颜婢膝的服从是绝然不同的 [2]。

"真正的基督徒能够屈服，而且他只能无抵抗地屈服于强暴，但他不能够服从，即不能承认强暴底合法。" [3]

当托尔斯泰写这几行的时候，他正因为目睹着一个民族底无抵抗主义底最悲壮的榜样而激动着，——这是一九〇五年一月二十二日圣彼得堡底流血的示威运动，一群手无寸铁的民众，由教士迦包纳 (Gapone) 领导着，任人枪决，没有一声仇恨的呼喊，

[1] "无抵抗主义是最重要的原则。徒有互助而不知无抵抗是永远没有结果的。"（见《世界之末日》）

[2] 在一九〇〇年他致友人书中，他怨人家误会他的无抵抗主义。他说：人家把"勿以怨报怨"和"勿抵抗加在你身上的恶"相混。后者底意思是对于身受的恶处以无关心的态度……"实在是：抵抗罪恶是基督教义底唯一的目的，而不抵抗罪恶是对于罪恶最有力量的斗争。"关于这一点，人们很可以把它和甘地底主义相比，——这亦是为了爱为了牺牲而抵抗！这亦是心魂底勇武刚毅，和淡漠的无关心是完全相反的。只是甘地更增强了英雄的力量罢了。

[3] 见《世界之末日》。

没有一个自卫的姿势。

长久以来，俄国底老信徒，为人们称做"皈依者"的，不顾一切压迫，顽强地对于国家坚持着他们的和平抵抗，并不承认政府威权为合法 [1]。在日俄战争这场祸变以后，这种思想更迅速地传布到乡间底民众中去。拒绝军役的事情一天一天地增多；他们愈是受到残忍的被压迫，反抗的心情愈是增强。——此外，各行省，各民族，并不认识托尔斯泰的，也对于国家实行绝对的和平抵抗：一八九八年始的高加索底杜高鲍人 (Doukhobors)，一九〇五年左右的哥里 (Gourie) 底日瓦人 (Georgiens)，托尔斯泰对于这些运动的影响远没有这些运动对于他的影响底重大；而他的作品底意义，正和革命党底作家（如高尔基）[2] 所说的相反，确是俄罗斯旧民族底呼声。

他对于冒着生命的危险去实行他所宣传的主张 [3] 的那般人，

[1] 托尔斯泰曾描绘了两个"盲从者"底典型：一个在《复活》底终端，另一个在《又是三个死者》中间。

[2] 在托尔斯泰指摘各省议会底骚动以后，高尔基表示大不满意，写道："这个人变成他的思想的奴隶了。长久以来，他已离开了俄罗斯底实生活而不听见民众底呼声了。他所处的地位已超临俄罗斯太远。"

[3] 对于他，不受到官厅底虐待是一种剧烈的痛苦。他渴望殉道，但政府很乖，不肯使他满足。"在我周围，人们凌虐我的朋友，却不及于我，虽然我是唯一可算作有害的人。显然是因为我还不值得加以凌虐，我真为此觉得羞耻。"（一八九二年五月十六致 Ténéromo 书）"我处在自由的境地中真是难堪。"

抱着很谦虚很严肃的态度。对于杜高鲍人日瓦人，与对于逃避军役的人一样，他全没有教训的神气。

"凡不能忍受任何试炼的人什么也不能教导忍受试炼的人。"[1]

他向"一切为他的言论与文字所能导向痛苦的人"[2]请求宽恕。他从来不鼓励一个人拒绝军役。这是由各人自己决定的。如果他和一个正在犹豫的人有何交涉时，"他老是劝他接受军役，不要反抗，只要在道德上于他不是不可能的话。"因为，如果一个人犹豫，这是因为他还未成熟；"多一个军人究竟比多一个伪善者或变节者要好一些，这伪善与变节是做力不胜任的事底人们所容易陷入的境界。"[3]他怀疑那逃避军役的龚却朗各 (Gontcharenko)

（一八九四年六月一日致前人书）为何他做了那些事情还是那么太平无事？只有上帝知道！他侮辱皇帝，他攻击国家，斥为"这可恶的偶像，人们为了它牺牲了生命，自由和理智。"（见《世界之末日》——参看《战争与革命》中他节述的俄国史。）这是魔鬼展览会："疯狂的魔王伊凡，酒鬼彼得一世，愚昧的厨役凯撒林一世，淫乱的伊丽沙白，堕落的保尔，弑亲的亚历山大一世"，（可是他是唯一博得托尔斯泰底幽密的好感的君主，）"残忍而愚昧的尼古拉一世，不聪明的亚历山大二世，恶的亚历山大三世，傻子，犷野而昏昧的尼古拉二世……"

[1]　一九〇五年一月十九日致逃兵龚却朗各书。

[2]　一八九七年致杜高鲍人书。

[3]　一九〇〇年致友人书。

底决心。他怕这青年受了自尊心与虚荣心底驱使，而不是"为了爱慕上帝之故。"[1] 对于杜高鲍人他写信给他们，教他们不要为了骄傲为了人类的自尊心而坚持他们的抵抗，但是要"如果可能的话，把他们的孱弱的妻儿从痛苦中拯救出来。没有人会因此而责备他们。"他们只"应当在基督底精神降临在他们心中的时候坚持，因为这样，他们才会因了痛苦而感到幸福。"[2] 在普通情形中，他总请求一切受着虐待的人，"无论如何不要断绝了他们和虐待他们的人中间的感情。"[3] 即是对于最残忍的古代的哀洛特 (Hérode)，也要爱他，好似他在致一个友人书中所写的那般：

"你说：'人们不能爱哀洛特。'——我不懂，但我感到，你也感到，我们应当爱哀洛特。我知道你也知道，如果我不爱他，我会受苦，我将没有生命。"[4]

托尔斯泰底关于国家问题底最重要的著作，是《基督教精神与爱国主义》（一八九四年）；——《爱国主义与政府》（一九〇〇年）；——《军人杂记册》（一九〇二年）；——《日俄战争》（一九〇四年）；——《向逃避军役的人们致敬》（一九〇九年）。

神明的纯洁，爱底热烈，终于连福音书上底"爱你的邻人如

---

[1] 一九〇五年二月十二日致龚却朗各书。

[2] 一八九七年致杜高鲍人书。

[3] 一九〇五年一月十九日致龚却朗各书。

[4] 一九〇五年十一月致友人书。

你自己一般"那句名言也不能使他满足了，因为这还是自私底变相！[1]

有些人认为这爱情是太广泛了，把人类自私的情绪摆脱得那么干净之后，爱不将变成空洞么？——可是，还有谁比托尔斯泰更厌恶"抽象的爱"？

"今日最大的罪过，是人类底抽象的爱，对于一个难得很远的人底爱……爱我们所不认识的所永远遇不到的人，是多么容易的事！我们用不到牺牲什么。而同时我们已很自满！良心已经受到揶揄。——不。应当要爱你的近邻，——爱和你一起生活而阻碍你的人。"[2]

大部分研究托尔斯泰底著作都说他的哲学与他的信仰并非是独创的：这是对的，这些思想底美是太永久了，决不能显得如一时代流行的风气那般……也有人说他的哲学与信仰是乌托邦式的。这亦不错：它们是乌托邦式的，如福音书一般。一个预言家是一个理想者；他的永恒的生活，在尘世即已开始。既然他在我们前面出现了，既然我们看到这预言家中底最后一个，在艺术家中唯一的额上戴有金光的人，——我觉得这个事实比世界上多一

---

[1] 他以为原文有误，《十诫》中底第二条应当是"爱你的同胞如他一样"。即如上帝一样。（见和 Ténéromo 谈话）

[2] 出处同前。

个宗教多一派哲学更为特殊更为重要。要是有人看不见这伟大的心魂底奇迹，看不见这疮痍满目的世界中底无边的博爱，真可说是盲人了！

一七

他的面貌有了确定了的特点，由于这特点，他的面貌永远铭刻于人类记忆中：宽广的额上划着双重的皱痕，浓厚的雪白的眉毛，美丽的长须，令人想起第雄 (Dijon) 城中的摩西像。苍老的脸容变得温和了；它留着疾病，忧苦，与无边的慈爱底痕迹。从他二十岁时底粗暴犷野，塞白斯多堡从军时底呆板严肃起，他有了多少的变化！但清明的眼神仍保有它锐利逼人的光芒，表示无限的坦白，自己什么也不掩藏，什么也不能对他有何隐蔽。

在他逝世前九年，在致神圣宗教会议底答复（一九〇一年四月十七日）中，托尔斯泰说过：

"我的信心使我生活在和平与欢乐之中，使我能在和平与欢乐之中走向生命底终局。"

述到他这两句时，我不禁想起古代底谚语："我们在一个人未死之前决不能称他为幸福的人。"

那时候，他所引以自豪的和平与欢乐，对他是否能永远忠实？

一九〇五年"大革命"底希望消散了。在已经拨开云雾的黑暗中，期待着的光明没有来到。革命的兴奋过去之后，接着是精力底耗竭。从前种种苛政暴行丝毫没有改变，只有人民陷于更悲惨的水深火热中。一九〇六年时，托尔斯泰对于俄国斯拉夫民族所负的历史的使命已经起了怀疑；他的坚强的信心远远地在搜寻别的足以负起这使命的民族。他想起"伟大的睿智的中国人"。他相信"西方的民族所无可挽救地丧失的自由，将由东方民族去重行觅得。"他相信，中国领导着亚洲，将从"道"底修养上完成人类底转变大业 [1]。

但这是消失得很快的希望：老子与孔子底中国如日本一样，否定了它过去的智慧 (Sagesse)，为的要模仿欧洲 [2]。被凌虐的杜高鲍人移民到加拿大去了；在那里，他们立刻占有了土地，使托尔斯泰大为不满 [3]。哥里人，刚才脱离了国家底羁绊，便开始袭击和他们意见不同的人；而俄国的军队，被召唤着去把一切都镇压平了。即是那些犹太人，——"他们的国家即是圣经，是人的理想中最美的国家，"——亦不能不沾染着这虚伪的国家主义，"为现代欧罗巴主义底皮毛之皮毛，为它的畸形的产物。"

---

[1]　一九〇六年十月致一个中国人书。

[2]　在他一九〇六年底信中，托尔斯泰已经表示这种恐惧。

[3]　"既然要容忍私有产业制度，那么，以前的拒绝军役与警役是无谓的举动了，因为私有产业制全赖军警制予以维持。尽了军役警役而沾着私有产业制之惠的人，比较拒绝军役警役而享受私有产业制的人还较胜一筹。"（一八九九年致旅居加拿大的杜高鲍人书）

托尔斯泰很悲哀，可不失望。他信奉上帝，他相信未来[1]：

"这将是完满之至了，如果人们能够在一霎间设法长成一个森林。不幸，这是不可能的，应当要等待种子发芽，长成，生出绿叶，最后才由树干长成一棵树。"[2]

但要长成一个森林必须要许多树；而托尔斯泰只有一个人。光荣的，但是孤独的。全世界到处都有人写信给他：回教国，中国，日本，人们翻译他的《复活》，到处流传着他关于"授田于民"[3]底主义。美国的记者来访问他；法国人来征询他对于艺术或对于政教分离的意见[4]。但他的信徒不到三百，他自己亦知道。且他也并不筹思去获得信徒。他拒绝朋友们组织"托尔斯泰派"底企图。

"不应当互相迎合，而应当全体去皈依上帝……你说：'团结了，将更易为力……'——什么？——为工作，刈割，是的。但是接近上帝，人们却只能孤独才能达到……我眼中的世界，仿如一座巨大的庙堂，光明从高处射到正中。为互相联合起见，大家都应当走向光明。那里，我们全体，从各方面来，我们和并未

---

[1] 以后的事实证明他是不差的，上帝对于他的恩惠完全报答了。在他逝世前数月，在亚菲利加底极端，甘地底救世的声音传到了。（参看书末《亚洲复托尔斯泰书》章）

[2] 一九〇五年，《告政治家书》。

[3] 在《大罪恶》底篇末，我们可以找到《告被统治者书》。

[4] 一九〇六年十一月七日致保尔·萨白蒂哀 (Paul Sabatier) 书。

期待的许多人相遇：欢乐便在于此。"[1]

在穹窿中射下的光明之下，他们究竟有多少人聚集在一处呢？——没有关系，只要和上帝在一起有一个也够了。

"唯有在燃烧的物质方能燃着别的物质，同样，唯有一个人底真正的信仰与真正的生活方能感染他人而宣扬真理。"[2]

这也许是的；但这孤独的信仰究竟能为托尔斯泰底幸福保证到如何程度？——在他最后几年中，他真和歌德苦心孤诣所达到的清明宁静，相差得多少远？可说他是逃避清明宁静，他对于它满怀反感。

"能够对自己不满是应当感谢上帝的。希望永远能如此！生命和它的理想底不调和正是生底标识，是从小到伟大，从恶到善的向上的动作。而这不调和是成为善底必要条件。当一个人平安而自满的时候，便是一种恶了。"[3]

而他幻想着这小说底题材，这小说证明莱维纳或比哀·勃苏高夫底烦闷在心中还未熄灭：

"我时常想象着一个在革命团体中教养长大的人，最初是革命党，继而平民主义者，社会主义者，正教徒，阿多山上底僧侣，

---

[1]　一八九二年六月与一九〇一年十一月致一个朋友书。

[2]　《战争与革命》。

[3]　致一个友人书。

以后又成为无神论者，家庭中的好父亲，终于变成高加索底杜高鲍人。他什么都尝试，样样都放弃，人们嘲笑他，他什么也没有做，在一座收留所中默默无闻地死了。在死的时候，他想他糟蹋了他的人生。可是，这是一个圣者啊。"[1]

那么，他，信心那么丰满的他，心中还有怀疑么？——谁知道？对于一个到老身体与精神依然壮健的人，生命是决不能停留在某一点思想底上的。生命还须前进。

"动，便是生。"[2]

在他生命底最后几年中，他多少事情都改变了。他对于革命党人底意见转变了没有呢？谁又能说他对于无抵抗主义底信心丝毫没有动摇？——在《复活》中，奈克吕杜夫和政治犯们底交往证明他对于俄国革命党底意见已经变易了。

"至此为止，他所一向反对他们的，是他们的残忍，罪恶的隐蔽，行凶，自满，虚荣。但当他更迫近地看他们时，当他看到当局如何对待他们时，他懂得他们是不得不如此的。"

他佩服他们对于义务具有高卓的观念，整个的牺牲都包括在这观念中了。

---

[1] 也许这里是在涉及《一个杜高鲍人底故事》。

[2] "想象一切人类完全懂得真理而集合在一起住在岛上。这是不是生活？"（一九〇一年三月致一个友人书）

但自一九〇〇年起，革命的潮流开始传布扩大了；从知识分子出发，它侵入民众阶级，它暗中震撼着整千整万的不幸者。他们军队中的前锋，在伊阿斯拿耶·波里阿那托尔斯泰住所窗下列队而过。Mercure de France 杂志所发表的三短篇，为托尔斯泰暮年最后的作品底一部分，令人窥见这种情景在他精神上引起多少痛苦多少凄惶。在多拉 (Toula) 田野，走过一队队质朴虔敬的巡礼者的时间，如今在哪里。此刻是无数的饥荒者在彷徨流浪。他们每天都有得来。托尔斯泰和他们谈过话，发见他们胸中的愤恨为之骇然；他们不复如从前般把富人当为"以施舍作为修炼灵魂的人，而是视为强盗，喝着劳动民众底鲜血的暴徒"。其中不少是受过教育的破产了，铤而走险地出此一途。

"将来在现代文明上做下如匈奴与梵达族在古代文明上所做的事底野蛮人，并非在沙漠与森林中而是在都会近旁的村落中与大路上养成的了。"

亨利·乔治曾经这样说过。托尔斯泰更加以补充，说：

"梵达人在俄罗斯已经准备好了，在那么富于宗教情绪的我们的民族中，他们将格外显得可怕，因为我们不知道限度，如在欧洲已经大为发达的舆论与法度等等。"

托尔斯泰时常收到这些反叛者底书信，抗议他的无抵抗主义，说对于一切政府与富人向民众所施的暴行只能报以"复仇！复仇！复仇！"之声。——托尔斯泰还指摘他们不是吗？我们不知道。

但当他在几天之后，看见在他的村庄中，在对着无情的役吏哀哀啼哭的穷人家中，牛羊釜锅被抓去的时候，他亦不禁对着那些冷酷的官吏喊起复仇底口号来了，那些刽子手，"那些官僚与助手，只知道贩酒取利，教人屠杀，判罚流刑，下狱，苦役，或绞死，——这些家伙，一致认为在穷人家抓去的牛羊布匹，更宜于用来蒸馏毒害民众的酒精，制造杀人的军火，建造监狱，而尤其是和他们底助手们分赃化用。"

这真是悲苦的事：当一个人整整的一生都在期待爱底世界来临，而在这些可怕的景象之前又不得不闭着眼睛，满怀只是惶惑。——这将更为惨痛，当一个人具有托尔斯泰般真切的意识，而要承认自己的生活还不曾和他的主张一致。

在此，我们触及他最后几年，——当说他的最后三十年吧？——底最苦痛的一点，而这一点，我们只应当以虔诚的手轻轻地加以抚摩：因为这痛苦，托尔斯泰曾努力想保守秘密，而且这痛苦不只属于死者，而亦属于其他的生者，他所爱的，爱他的人们了。

他始终不能把他的信心感染给他最亲爱的人，他的夫人，他的儿女。我们已见到这忠实的伴侣，勇敢地分担他的生活与他的艺术工作，对于他的放弃艺术信仰而去换一个为她不了解的道德信仰，感有深切的苦痛。托尔斯泰看到自己不被他最好的女友懂得，痛苦亦不下于她。

"我全个心魂都感到，他写信给丹奈洛摩说，感到下列几句话底真切：丈夫与妻子不是两个分离着的生物，而是结合为一的：我热愿把我能有时借以超脱人生之苦恼的宗教意识，传递一部分给我的妻子。我希望这意识能够，当然不是由我，而是由上帝传递给她，虽然这意识是女人们所不大能达到的。"[1]

这个志愿似乎没有被接纳。托尔斯泰伯爵夫人爱"和她结合为一的"伟大的心魂底仁慈，爱他心地底纯洁，爱他坦白的英雄气；她窥见"他走在群众之前，指示人类应取的途径"[2]；当神圣宗教会议开除他的教籍时，她勇敢地为他辩护，声称她将分任她的丈夫所能遭逢的危险。但她对于她不相信的事情不能佯为相信；而托尔斯泰亦是那么真诚，不愿强令她佯为信从，——因为他恨虚伪的信仰与爱，更甚于完全的不信仰与不爱[3]。因此，他怎么能强迫不相信的她改变她的生活，牺牲她和她的儿女们底财产呢？

和他的儿女们，龃龉似乎更深。勒洛阿·蒲里安 (A.Leroy Beaulieu) 氏曾在伊阿斯拿耶·波里阿那见过托尔斯泰，说"在食

---

[1] 一九一〇年十二月一日。

[2] 一八九二年五月十六日，托尔斯泰那时看见他的夫人为了一个男孩底死亡而痛苦着，他不知如何安慰她。

[3] 一八八三年一月书。

桌上，当父亲说话时，儿子们竟不大遮掩他们的烦恼与不信任。"[1]
他的信仰只稍稍感染了他的三位女儿，其中一个，他最爱的玛丽，
那时已经死了[2]。他在家人中间，精神上是完全孤独的。懂得他
的"仅有他的幼女和他的医生"。[3]

他为了这思想上的距离而苦恼，他为了不得不敷衍的世俗的
交际而苦恼，世界上到处有人来访问他，那些美国人，那些趋尚
时髦的轻浮之士使他非常厌倦；他亦为了他的家庭生活所强迫他
享受的"奢侈"而苦恼。其实亦是最低限度的奢侈，如果我们相
信在他家里见过他的人底叙述的话，严肃冷峻的家具，他的小卧
室内，放着一张铁床，四壁秃露无一物！但这种舒适已使他难堪：
这是他永远的苦恼。在 Mercure de France 底第二短篇中，他悲
苦地把周围的惨状和他自己家中的享用作对比。

一九〇三年时，他已写道："我的活动，不论对于若干人士
显得是如何有益，已经丧失了它大半的重要性，因为我的生活不
能和我所宣传的主张完全一致。"[4]

---

[1]　"我从来不责备人没有宗教。最坏的是当人们说谎时，佯作信奉宗教。"
此外又言："如果上帝假做爱我们，这是比恨我们更糟。"

[2]　见一九一〇年十二月十五日巴黎《两球杂志》。

[3]　保尔·皮留高夫 (Paul Birukoff) 最近在德译本中发表一部托尔斯泰与他
的女儿玛丽的通信。

[4]　见一九一〇年十二月十五日巴黎《两球杂志》。

他真是如何的不能实现这一致！他既不能强迫他的家族弃绝人世，也不能和他们与他们的生活分离，——使他得以摆脱他的敌人们底攻击，说他是伪善，说他言行不一致！

他曾有过思念。长久以来，他已下了决心。人们已觅得并发表了他于一八九七年六月八日写给他的妻子的信 [1]。应当在此全部转录出来。再没有比这封信更能抉发他的热爱与苦痛的心魂的了：

"长久以来，亲爱的苏菲，我为了我的生活与我的信仰底不一致而痛苦。我不能迫使你改变你的生活与习惯。迄今为止，我也不能离开你，因为我想我离开之后，我将失掉我能给与你的还很年青的孩子们底小小的影响，而我将使你们大家非常难过。但我不能继续如过去的十六年般的生活 [2]，有时是对你们抗争使你们不快，有时我自己陷于我所习惯的周围的诱惑与影响中间不能振作。我此刻决心要实行我已想了好久的计划：走……如印度人一般，到了六十岁的时候到森林中去隐居，如一切信教的老人一

_____

[1] 一九〇三年十二月十日致一个友人书。

[2] 见一九一〇年十二月二十七日《飞迦罗》(Figaro) 日报，这封信，在他死后，由他们的女婿 Obolensky 亲王交给托尔斯泰伯爵夫人。这是数年之前，托氏把这封信付托给女婿的。这封信之外更附有另一封信，涉及他们夫妇生活底私事的。此信为托尔斯泰伯爵夫人阅后毁去。（见托尔斯泰底长女 Tatiana Soukhotine 夫人底叙述）

般，愿将他的残年奉献给上帝，而非奉献给玩笑，说幽默话，胡闹，打网球，我亦是，在这七十岁左右的时节，我在全个心魂底力量上愿静穆，孤独，即非完满的一致，至少亦不要有在我一生与良心之间争斗的不一致。如果我公开地走，一定会引起你们的祈求，辩论，我将退让，或者就在我应当实行我的决心的时候就没有实行。因此我请你们宽恕我，如果我的行动使你们难过。尤其是你，苏菲，让我走罢，不要寻找我，不要恨我，不要责备我。我离开你这个事实并不证明我对你有何不慊……我知道你不能，你不能如我一样地思想与观察，故你不能改变你的生活，不能为了你所不承认的对象作何牺牲。因此，我一些也不埋怨你；相反，我满怀着爱与感激来回忆我们三十五年底冗长的共同生活，尤其是这时期底前半期，你用你天赋的母性中的勇敢与忠诚，来负起你所承认的你的使命。你对于我，对于世界，你所能给予的已经给予了。你富有母爱，尽了极大的牺牲……但在我们的生活底后半部，在这最近的十五年间，我们是分道扬镳了。我不能相信这是我的错误；我知道我改变了，可这既非为了享乐，亦非为了别人，而是为了我不得不如此之故。我不能责备你丝毫没有跟从我，我感谢你，且我将永远怀着真挚的爱想起你对于我的赐与。——别了，我亲爱的苏菲。我爱你。"

"我离开你这事实……"实在他并未离开她。——可怜的信！对于他，写了这信似乎已足够，似乎已经完成了他的决心……写完了，他的决断的力量已经用尽了。——"如果我公开地走，一定会引起你们的祈求，辩论，我将退让……"可是于他不需什么"祈求"，"辩论"，他只要一刻之后，看到他要离开的一切时，他便感到他不能，他不能离开他们了，他衣袋中的信，就此藏在一件家具内，外面注着：

"我死后，将此交给我的妻，苏菲·安特莱佛娜。"

他的出亡底计划至此为止。

这是他的力底表现么？他不能为了他的上帝而牺牲他的温情么？——当然，在基督教名人录中，不乏更坚决的圣者，会毫不踌躇地摈弃他们的与别人的感情……怎么办呢？他决非是这等人。他是弱者。他是人。为了这，我们才爱他。

十五年前，在极端怆痛的一页中，他自问：

——那么，雷翁·托尔斯泰，你是否依照你所宣扬的主义而生活？

他痛苦地答道：

"我羞愧欲死，我是罪人，我应当被人蔑视。……可是，请把我过去的生活和现在的比一比罢。你可以看到我在寻求依了上帝底律令而生活的方法。我没有做到我应做的千分之一，我为此而惶愧，但我的没有做到并非因为我不愿而是因为我不能……指斥我罢，可不要指斥我所遵循的道路。如果我认识引领到我家里去的道路而我如醉人一般跟跟跄跄地走着，这便可说是我所取的路是坏路吗？不是请你指点我另一条路，就是请支持我去遵循真理的路，而我已完全准备受你支持了。可不要冷落我，不要把我的破灭引为乐事，不要高兴地喊：'瞧啊！他说他要走到家里，而他堕入泥洼中去了！'不，不要幸灾乐祸，但请助我，支持我！……助我啊！我为了我们大家都彷徨失措而心碎；而当我竭尽全力想超脱地狱时，当我每次堕入歧途时，你们却不予我同情，反指着我说：'看罢，他亦和我们一起跌入泥洼了！'"[1]

离他的死更近的时候，他又重复着说：

"我不是一个圣者，我从来不自命为这样的人物。我是一个任人驱使的人，有时候不完全说出他所思想他所感觉着的东西，并非因为他不愿，而是因为他不能，因为他时常要夸大或彷徨。在我的行为中，这更糟了。我是一个完全怯弱的人，具有恶习，愿侍奉真理之神，但永远在颠蹶，如果人们把我当作一个不会有何错误的人，那么，我的每项错误皆将显得是谎言或虚伪。但若人们视我为一个弱者，那么，我的本来面目可以完全显露：这是一个可怜的生物，但是真诚的，他一直要而且诚心诚意地愿成为一个好人，上帝底一个忠仆。"

---

[1] 这种痛苦的情况自一八八一年，即在莫斯科所度的那个冬天起即已开始，那时候即托尔斯泰初次发见社会惨状。

这样地，他为良心底责备所苦，为他的更坚毅的但缺少人间性的信徒们底无声的埋怨所抨击 [1]，为了他的怯弱，他的踟蹰不决而痛心，老是在家族之爱与上帝之爱间徘徊，——直到一天，一时间的绝望，或是他临死前的狂热的旋风，迫他离开了家，在路上，一面彷徨，一面奔逃，去叩一所修院底门，随后又重新启程，终于在途中病倒了，在一个无名的小城中一病不起 [2]。在他弥留

---

[1]　在托尔斯泰底最后几年，尤其在最后几个月中，他似乎受着 Vladimir Grigoritch Tchertkov 底影响。这是一个忠诚的朋友，久居英国，出资刊行并流通托尔斯泰底著作。他曾被托尔斯泰底一个儿子，名叫鲁翁的攻击。但即是他的思想底固执不无可议之处，可没有人能够怀疑他的绝对的忠诚。有人说托尔斯泰在遗嘱中丝毫没有把他的著作权赠给他的妻子的，这种无情的举动，是受着这位朋友的感应；但究竟我们无从证实，所能确实知道的，是他对于托尔斯泰底荣名比着托氏本人更为关心。

自一九一〇年六月二十三日起到托氏逝世间的六个月中的情况，托尔斯泰底最后一个秘书 Valentin Boulgakov 知道得最清楚，他的日记便是这时期托氏生活底最忠实的记录。

[2]　一九一〇年十月二十八日清晨五时许，托尔斯泰突然离开了伊阿斯拿耶·波里阿那。他由玛各维兹基医生 (D.Makovitski) 陪随着；他的女儿亚历山大，为 Tchertkov 称为"他的亲切的合作者"的，知道他动身的秘密。当日晚六时，他到达奥铁那修院 (Optina)，俄国最著名的修院之一，他以前曾经到过好几次。他在此宿了一晚，翌晨，他写了一篇论死刑底长文。在十月二十九日晚上，他到他的姊妹玛丽出家的嘉摩第诺 (Chamordino) 修院。他和她一同晚餐，他告诉她欲在奥铁那修院中度他的余年，"可以

的床上，他哭泣着，并非为了自己，而是为了不幸的人们；而在
嚎啕的哭声中说：

做任何低下的工作，唯一的条件是人家不强迫他到教堂里去。"他留宿在
嘉摩第诺，翌日清晨，他在邻近的村落中散步了一回，他又想在那里租一
个住处，下午再去看他的姊妹。五时，他的女儿亚历山大不凑巧地赶来了。
无疑的，她是来通知他说他走后，人家已开始在寻访他了。他们在夜里立
刻动身。托尔斯泰，亚历山大，玛各维兹基向着高塞尔斯克 (Keselsk) 车站
出发，也许是要从此走入南方各省，再到巴尔干，皮迦里，塞尔皮各地的
斯拉夫民族居留地。途中，托尔斯泰在阿斯太波伏 (Astapovo) 站上病倒了，
不得不在那里卧床休养。他便在那里去世了。关于他最后几天底情景，在
《Tolstoys Flucht und Tod》——（柏林，一九二五年版）中可以找到最
完全的记载，作者 René Fuelloep Miller 与 Friedrich Eckstein 搜集托尔
斯泰底夫人，女儿，医生，及在场的友人底记载，和政府秘密文件中的记载。
这最后一部分，一九一七年时被苏维埃政府发见，暴露了当时不少的阴谋，
政府与教会包围着垂死的老人，想逼他取消他以前对于教会底攻击而表示
翻悔。政府，尤其是俄皇个人，极力威逼神圣宗教会议要他办到这件事。
但结果是完全失败。

这批文件亦证明了政府底烦虑。列下省总督，奥鲍朗斯基亲王，莫斯科
宪兵总监洛夫将军间底警务通讯，对于在阿斯太波伏发生的事故每小时都有
报告，下了最严重的命令守护车站。使护丧的人完全与外间隔绝。这是因为
最高底当局深恐托氏之死会引起俄罗斯底政治大示威运动之故。

托尔斯泰与世长辞底那所屋子周围，拥满了警察，间牒，新闻记者，
与电影摄影师，窥伺着托尔斯泰伯爵夫人对于垂死者所表示的爱情，痛苦
与忏悔。

"大地上千百万的生灵在受苦；你们为何大家都在这里只照顾一个雷翁·托尔斯泰？"

于是，"解脱"来了——这是一九一○年十一月二十日，清晨六时余，——"解脱"，他所称为"死，该祝福的死……"来了。

一八

战斗告终了，以八十二年底生命作为战场的战斗告终了。悲剧的光荣的争战，一切生底力量，一切缺陷一切德性都参预着。——一切缺陷，除了一项，他不息地抨击的谎言。

最初是醉人的自由，在远远里电光闪闪的风雨之夜互相摸索冲撞的情欲，——爱情与幻梦底狂乱，永恒底幻象。高加索，塞白斯多堡，这骚乱烦闷的青春时代……接着，婚后最初几年中的恬静。爱情，艺术，自然底幸福，——《战争与和平》。天才底最高期，笼罩了整个人类的境界，还有在心魂上已经成为过去的，这些争斗底景象。他统制着这一切，他是主宰；而这，于他已不足够了。如安特莱亲王一样，他的目光转向奥斯丹列兹底无垠的青天。是这青天在吸引他：

"有的人具有强大的翅翼，为了对于世俗底恋念堕在人间，翅翼折断了：例如我。以后，他鼓着残破的翅翼奋力冲飞，又堕下了。翅翼将会痊愈变成完好的。我将飞翔到极高。上帝助我！" [1]

---

[1] 见一八七九年十月二十八日《日记》。那一页是最美丽的一页，我们把

这是他在最惊心动魄的暴风雨时代所写的句子，《忏悔录》便是这时期底回忆与回声。托尔斯泰曾屡次堕在地下折断了翅翼。而他永远坚持着。他重新启程。他居然"遨翔于无垠与深沉的天空中了"，两张巨大的翅翼，一是理智一是信仰。但他在那里并未找到他所探求的静谧。天并不在我们之外而在我们之内。托尔斯泰在天上仍旧激起他热情底风波，在这一点上他和一切舍弃人世的使徒有别：他在他的舍弃中灌注着与他在人生中同样的热情。他所抓握着的永远是"生"，而且他抓握得如爱人般的强烈。他"为了生而疯狂"。他"为了生而陶醉"。没有这醉意，他不能生存 [1]。为了幸福，同时亦为了苦难而陶醉，醉心于死，亦醉心于永生 [2]。他对于个人生活底舍弃，只是他对于永恒生活的企慕

它转录于下："在这个世界上有没有翅翼的笨重的人。他们在下层，骚扰者。他们中间亦有极强的，如拿破仑。他们在人间留下可怕的痕迹，摇下不和的种子。——有让他的翅翼推动的人，慢慢地向前，翱翔着，如僧侣。——有轻浮的人，极容易上升而下坠，如那些好心的理想家。——有具有强大的翅翼的人……——有天国的人，为了人间底爱，藏起翅翼而降到地上，教人飞翔。以后，当他们不再成为必要时，他们称为'基督'。"

[1] "一个人只有在醉于生命的时候方能生活。"（见《忏悔录》一八七九年）

"我为了人生而癫狂……这是夏天，美妙的夏天。今年，我奋斗了长久；但自然底美把我征服了。我感着生底乐趣。"（一八八〇年七月致法德书）这几行正在他为了宗教而狂乱的时候写的。

[2] 一八六五年十月《日记》："死底念头……""我愿，我爱永生。""我

底呼声而已。不，他所达到的平和，他所唤引的灵魂底平和，并非是死底平和。这是那些在无穷的空间中热烈地向前趱奔的人们底平和。在于他，愤怒是沉静的[1]，而沉静却是沸热的。信心给予他新的武器，使他把从初期作品起便开始的对于现代社会底谎言的战斗，更愤激地继续下去。他不再限于几个小说中的人物，而向一切巨大的偶像施行攻击了：宗教，国家，科学，艺术，自由主义，社会主义，平民教育，慈善事业，和平运动[2]……他痛

对于愤怒感到陶醉，我爱它，当我感到时我且刺激它，因为它于我是一种镇静的方法，使我，至少在若干时内，具有非常的弹性，精力与火焰，使我在精神上肉体上都能有所作为。"（见《奈克吕杜夫亲王日记》一八五七年）

[1] 他为了一八九一年在伦敦举行的世界和平会议所写的关于《战争》底论文，是对于一般相信仲裁主义底和平主义者底一个尖锐的讽刺：

"这无异于把一粒谷放在鸟底尾巴上而捕获它的故事。要捕获它是那么容易的事。和人们谈着什么仲裁与国家容许的裁军实在是开玩笑。这一切真是些无谓的空谈！当然，各国政府会承认：那些好使徒！他们明明知道这决不能阻止他们在欢喜的时候驱使千百万的生灵去相杀。"（见《天国在我们内心》第六章）

[2] 自然一向是托尔斯泰底"最好的朋友"，好似他自己所说的一样："一个朋友，这很好；但他将死，他要到什么地方去，我们不能跟随他，至于自然，我们和它的关系是那么密切，不啻是买来的，承继得来的，这当然更好。我的自然是冷酷的，累赘的；但这是一个终生的朋友；当一个人死后，他便进到自然中去。"（致法德书，——一八六一年五月十九日）

他参预自然底生命，他在春天再生（"三月四月是我工作最好的月份，"——

骂它们，把他们攻击得毫无余地。

世界上曾时常看见那些伟大的思想反叛者出现，他们如先驱者约翰般诅咒堕落的文明。其中的最后一个是卢梭。在他对于自然底爱慕，在他对于现代社会底痛恨，在他极端的独立性，在他对于圣书与基督教道德底崇拜，卢梭可说是预告了托尔斯泰底来临，托尔斯泰自己即承认，说："他的文字中直有许多地方打动我的心坎，我想我自己便会写出这些句子。"[1]

一八七七年三月二十三日致法德书），他到了暮秋开始沉闷。（"这于我是死的一季，我不思想，不写，我舒服地感到自己蠢然。"——一八六九年十月二十一日致前人书）

[1] 见和保尔·鲍阿伊哀底谈话（一九〇一年八月二十八日巴黎《时报》）。

实在，人们时常会分不清楚。例如卢梭底于丽（译者按：Julie 是卢梭著《新哀洛绮思》小说中的女主人）在临终时的说话："凡我所不能相信的，我不能说我相信，我永远说我所相信的。属于我的，唯此而已。"

和托尔斯泰《答圣西诺特书》中的：

"我的信仰使人厌恶或阻碍别人，这是可能的。但要更改它却不在我能力范围以内，好似我不能更变我的肉体一样。我除了我所相信的以外不能相信别的，尤其在这个我将回到我所从来的神那边去的时候。"或卢梭底《答特蒲蒙书》似乎完全出之于托尔斯泰底手笔：

"我是耶稣基督底信徒。我主告我凡是爱他的同胞的人已经完成了律令。"

或如：

"星期日底全部祷文又以归纳在下列这几个字中：愿你的意志实现！"（卢梭《山中杂书》第三）

但这两颗心魂毕竟有极大的差别，托尔斯泰底是更纯粹的基督徒的灵魂！且举两个例子以见这位日内瓦人底《忏悔录》中含有多么傲慢，不逊，伪善的气氛：

"永恒的生灵！有人能和你说：只要他敢；我曾比此人更好！"

"我敢毫无顾忌地说。谁敢当我是不诚实的人，他自己便是该死。"

托尔斯泰却为了他过去生命中的罪恶而痛哭流涕：

"我感到地狱般的痛苦。我回想起我一切以往的卑怯，这些卑怯底回忆不离我，它们毒害了我的生命。人们通常抱憾死后不能保有回忆。这样将多么幸福啊！如果在这另一个生命中，我能

与下面一段相比：

"我把主祷文代替了一切祷文。我所能向上帝祈求的在下列一句中表现得最完满了：'愿你的意志实现！'"（一八五二——五三年间在高加索时代的日记）

两人思想底肖似不独在宗教方面为然，即在艺术方面亦是如此：

卢梭有言：

"现代艺术底第一条规则，是说得明明白白，准确地表出他的思想。"

托尔斯泰说：

"你爱怎么想便怎么想罢，只要你的每一个字都能为大家懂得。在完全通畅明白的文字中决不会写出不好的东西。"

此外我亦说过，卢梭在《新哀洛绮思》中对于巴黎歌剧院的讽刺的描写，和托尔斯泰在《艺术论》中的批评极有关连。

回忆到我在此世所犯的一切罪恶，将是怎样的痛苦啊！……"[1]

他不会如卢梭一般写他的《忏悔录》，因为卢梭曾言："因为感到我的善胜过恶，故我认为有说出一切底利益。"[2] 托尔斯泰试着写他的《回忆录》，终于放弃了；笔在他手中堕下：他不愿人们将来读了之后说：

"人们认为那么崇高的人原来如此！他曾经是何等卑怯！至于我们，却是上帝自己令我们成为卑怯的。"[3]

基督教信仰中的美丽而道德的贞洁，和使托尔斯泰具有戆直之风的谦虚，卢梭从未认识。隐在卢梭之后，——在鹭鸶岛底铜像周围，——我们看到一个日内瓦底圣比哀尔，罗马底加尔文。在托尔斯泰身上，我们却看到那些巡礼者，无邪的教徒，曾以天真的忏悔与流泪感动过他的童年的。

对于世界底奋战，是他和卢梭共同的争斗，此外尚另有一种更甚于此的争斗充塞着托尔斯泰最后三十年底生命，这是他心魂中两种最高的力量底肉搏：真理与爱。

真理，——"这直透入心魂的目光，"——透入你内心的灰色的眼珠中的深刻的光明……它是他的最早的信仰，是他的艺术

---

[1]　见一九〇三年一月六日《日记》。

[2]　见卢梭《一个孤独的散步者底幻想录·第四次散步》。

[3]　致皮吕高夫书。

之后。

"成为我作品中的女英雄的，为我以整个心魂底力量所爱的，在过去，现在，将来，永远是美的，这便是真理"。[1]

真理，是在他兄弟死后一切都毁灭了的时候所仅存的东西[2]。真理，是他生命底中枢，是大海中的岩石。……

但不久之后，"残酷的真理"[3]于他已不够了。爱占夺了它的地位。这是他童年时代底活泼的泉源，"他的心魂底自然的境界。"[4]一八八○年发生精神错乱时，他绝未舍弃真理，他把它导向爱底境界[5]。

爱是"力底基础"[6]。爱是"生存底意义"，唯一的意义，当然，美亦是的[7]。爱是由生活磨炼成熟后的托尔斯泰底精髓，是《战

---

[1]　《一八五五年五月之塞白斯多堡》。

[2]　"真理……在我道德观念中唯一存留的东西，我将崇奉的唯一的对象。"（一八六○年十月十七日）

[3]　同前。

[4]　"纯粹的爱人类之情是心灵底天然状态，而我们竟没有注意到。"（当他在 Kazan 当学生时代的《日记》）

[5]　"真理会导向爱情……"（《忏悔录》一八七九——八一年）"我把真理放在爱底一个单位上……"（同前）

[6]　"你永远在提及力量：但力底基础是爱。"（见《安娜小史》第二卷安娜底话》）

[7]　"美与爱，生存底两大意义。"（《战争与和平》第二卷）

争与和平》，《答神圣宗教会议书》底作者底生命底精髓。[1]

爱深入于真理这一点，成为他在中年所写的杰作底独有的价值，他的写实主义所以和弗洛贝 (Flaubert) 式的写实主义有别者亦为此。弗洛贝竭力要不爱他书中的人物。故无论这种态度是如何伟大，它总缺少光明底存在！太阳底光明全然不够，必须要有心底光明。托尔斯泰底写实主义现身在每个生灵底内部，且用他们的目光去观察他们时，在最下贱的人中，他亦会找到爱他的理由，使我们感到这恶人与我们中间亦有兄弟般的情谊联系着[2]。由了爱，他参透生命底根源。

但这种博爱的联系是难于维持的。有时候，人生底现象与痛苦是那么悲惨，对于我们的爱显得是一种打击，那时，为了拯救这爱，拯救这信念，我们不得不把它超临人世之上，以至它有和人世脱离一切关系的危险。而那秉有看到真理，且绝对不能不看

[1] "我信上帝，上帝于我即是'爱'。"（一九〇一年《答圣西诺特书》）——"是的，爱！……不是自私的爱，但是我生平第一次感到的爱，当我看到，在我身旁的垂死的敌人，我爱他……这是灵魂底原素。爱他的邻人，爱他的敌人，爱大家，爱每个，这是在各方面去爱上帝！……爱一个我们亲爱的人，这是人的爱，但爱他的敌人简直是神明的爱！……"（这是《战争与和平》中安特莱临终时所说的话）

[2] "艺术家对于他的作品的爱是艺术底心灵。没有爱，没有艺术品。"（一八八九年九月书）

到真理的这美妙而又可畏的天赋的人，将怎么办呢？托尔斯泰最后数年中，锐利的慧眼看到现实底残酷，热烈的心永远期待着锻炼着爱，他为了心与目底不断的矛盾所感到的痛苦，谁又能说出来呢？

我们大家都体验过这悲剧的争斗。我们屡次陷入或不忍睹，或痛恨的轮回中！一个艺术家，——一个名副其实的艺术家，一个认识文字底美妙而又可怕的力量的作家，——在写出某项真理的时候，感得为惨痛的情绪所拗苦：此种情形何可胜数 [1]！在现代的谎言中，在文明底谎言中，这健全而严重的真理，有如我们赖以呼吸的空气一般需要……而我们发见这空气，为多少肺所不能忍受，多少为文明所磨成，或只为他们心地底慈悲而变成怯弱的人所不堪忍受！这使人骇而却走的真理，我们可毫不顾虑这些弱者而在他们眼前暴露么？有没有在高处如托尔斯泰所说的一般，一种"导向爱的"真理？——可是什么？我们能不能容忍以令人安慰的谎言去欺骗人，如 Peer Gynt 把他的童话来麻醉他的垂死的母亲？……社会永远处在这两条路底中间：真理；或爱。它通常的解决，往往是把真理与爱两者一齐牺牲了。

托尔斯泰从未欺妄过他两种信心中的任何一种。在他成熟期

---

[1]　"我写了这些书：所以我知道它们所能产生的罪过……"（一八九七年十一月二十一日，托尔斯泰致杜高鲍人底领袖 P.V.Vériguine 书）

底作品中，爱是真理底火焰。在他晚年底作品中，这是一种从高处射下的光明，一道神恩普照底光彩烛照在人生上，可是不复与人生融和了。我们在《复活》中看到信仰统制着现实，但仍站在现实之外。托尔斯泰所描写的人物，每当他隔别观察他们的面目时，显得是弱的，无用的，但一等到他以抽象的方式，加以思索时，这些人物立刻具有神明般的圣洁了[1]。——在他日常生活中，和他的艺术同样有这种矛盾的表现，而且更为残酷地。他虽然知道爱所支使他的任务，他的行动却总不一致；他不依了神而生活，他依了世俗而生活。即是爱，到哪里去抓握它呢？在它不同的面目与矛盾的系统中如何加以辨别？是他的家庭之爱，抑是全人类之爱？……直到最后一天，他还是在这两者中间彷徨。

如何解决？——他不知道。让那些骄傲的知识分子去轻蔑地批判他罢。当然，他们找到了解决方法，找到了真理，他们具有确信。在这些人看来，托尔斯泰是一个弱者，一个感伤的人，不足为训的。无疑的，他不是一个他们所能追随的榜样：他们没有相当的生命力。托尔斯泰不属于富有虚荣心的优秀阶级，他亦不属于任何教派，——他既非伪善者，亦非如他所称谓的犹太僧侣。

---

[1]　参看《一个绅士底早晨》，——或在《忏悔录》中理想的描写，那些人是多么质朴，多么善良，满足自己的命运，安分守己，博得人生底意义，——或在《复活》第二编末，当奈克吕杜夫遇见放工回来的工人时，眼前显出"这人类，这新世界"。

他是自由基督徒中最高的一个典型，他的一生都在倾向于一个愈趋愈远的理想 [1]。

托尔斯泰并不向那些思想上的特权者说话，他只说给普通人听。——他是我们的良知。他说出我们这些普通人所共有的思想，为我们不敢在自己心中加以正视的。而他之于我们，亦非一个骄傲的大师，如那些坐在他们的艺术与智慧底宝座上，威临着人类的高傲的天才一般。他是——如他在信中自称的，那个在一切名称中最美，最甜蜜的一个，——"我们的弟兄。"

一九一一年一月

[1] "一个基督徒在精神上决不会比别人高或低；但他能在完满的道上，活动得更快，这便使他成为更纯粹的基督徒。因此，那些伪善者底停滞不进的德行较之和基督同时钉死的强盗更少基督教意味，因为这些强盗底心魂，永远向着理想而活动，且他们在十字架上也已后悔了。"（见《残忍的乐趣》）

托尔斯泰遗著论

　　托尔斯泰死后，遗下不少未曾发表的作品。其中大部分在他死后已经陆续印行，在 J.-W.Bienstock 氏底法译本（纳尔逊书店丛书版）中合成三卷。[1] 这些作品分属于他一生底各个时代。有的还是一八八三年底作品（如《一个疯人底日记》）。有的是他在最后几年中写的。它的种类有短篇小说，长篇小说，剧本，独白。许多是未完之作。我敢把它们分成两类：一是托尔斯泰依了道德意志而写的，一是依了艺术的本能而写的。还有一小部分是这两种趋向融和得非常美满的。

　　所可惜的，是他对于文学的光荣底淡漠——或者是为了他的禁欲思想——使他不能把应该是作品中最美的一部分杰作继续下去。例如《Féodor Kouzmitch 老人底遗著——日记》。这是俄

----

[1]　另一部更完全的版本，是一九二五年出版的 Georges d'Ostoya 与 Gustave Masson 的合译本。巴黎 Bossard 书店。

皇亚历山大一世底有名的传说，说他决心舍弃一切，托着假名出走，在西比利亚终老。我们感到托尔斯泰对此题材非常热情，他和他的英雄在思想上结合为一。但这部《日记》只存留了最初几章；即在这残缺的部分中，已可令人看得叙述底紧凑与清新，足和《复活》中最好的部分媲美。在此有多少令人不能遗忘的肖像，（如老后凯撒林二世，）尤其是这位神秘的暴烈的俄皇底描绘，他的倨傲的性格，在平静的老人心中还不时地激醒兴奋。

《塞越老人》(Le Père Serge)（一八九一——一九〇四）亦是波澜壮阔的托尔斯泰式的作品之一；但故事底叙述被裁剪得太短了。一个老人在孤独与苦行中追求上帝，终于他在为了人群而生活时找到了神。有几处犷野的情调直可令人骇愕。书中的主人翁发现他所爱者底丑恶的那幕描写，——（他的未婚妻，为他崇拜如圣女一般的女人，竟是他所敬爱的俄皇底情妇，）真是又质朴又悲壮。即是那个修士在精神狂乱之夜为要重觅和平而斫落自己的手指那幕，亦是动人心魂的描写。与这些犷野可怖的穿插对立着的，有书末描述与可怜的童年的女友那段凄恻的谈话，和最后几页底淡漠，清明，急转直下的文字。

《母亲》亦是一部动人之作。一个慈爱的有理性的母亲，四十年中整个地为了她的家人服务，终于孤独着，不活动，亦没有活动底意义，虽然是自由思想者，她竟隐居于一个修院中去写她的日记。但本书只有首部还存留着。

另一组短篇故事，在艺术上是更完满的作品。《Alexis le Pot》可以归入美丽的通俗故事类，事情是讲一个质直朴纳的人，永远被牺牲，永远甜蜜地感到满足，以至于死。——《舞会之后》（一九〇三年八月二十日）是：一个老人讲他曾如何地爱一个青年女郎，如何地突然不爱她，因为他看见女子底父亲，一个当大佐的军官，鞭笞他的兵士之故。这是完满之作，先是少年时代底回忆，美丽动人，接着是十分激动的真切的描写。——《梦中所见》（一九〇六年十一月十三日）是：一个亲王为了他所钟爱的女儿，任人诱惑逃出家庭，而不能宽恕她。但他一看见她时，却是他立刻去请求她的宽恕。然而（在此可见托尔斯泰底温情与理想主义从来没有枯竭的时候，）他无论如何不能克制自己见了女儿底私生子所生的厌恶之情。——《Khodynka》是极短的短篇，叙述一八九三年时，一个年青的俄国公主，想加入莫斯科底一个平民节庆，突然被人众拥挤得大为狼狈，被人在脚下践踏，人家以为她是死了，一个工人，亦是被人挤得不堪的人，救醒了她。一霎间，友爱的情操把两人联合了。以后他们分别了，从此不复相见。

局面伟大，开始便似一部史诗式的长篇小说的，有《Hadji-Mourad》（一九〇二年十二月），叙述一八五一年高加索战争时底杂事[1]。在写本书的时候，托尔斯泰正在最能把握他的艺术能

---

[1] 托尔斯泰写道，"其中一部分是我亲历的。"

力底阶段。视觉（眼睛的与心灵的）是非常完满。但可怪的是人家对于故事并不真正感到兴趣。因为读者觉得托尔斯泰亦并不对此故事真有什么兴趣。在故事中显现的每个人物，正好获得他恰当的同情；而作者对于每个人物，即是在我们眼前显露一下并不有何长久的动作的，亦给他一个完满的肖像描写。但为了要爱全体，他终于没有什么偏爱。他写这作品，似乎并无内心的需要，而只是为了肉体的需求。如别人需要舒展他的肌肉一般，他需要使用他的智的机能。他需要创作，他便创作了。

别的具有个人气质的作品，往往达到了悲怆的境界。自传式的作品即属此类，如《一个疯人底日记》（一八八三年十月二十日），追写一八六九年托尔斯泰精神困乱时最初几夜底恐怖[1]。又如《魔鬼》（一八八九年十一月十九日），这部最后的最长的短篇小说，好几部分含有一切最优的特点，不幸它的结局极无聊。一个乡下的地主，和他的农人底一个女儿有了关系，却另外结了婚，和乡女离开了。（因为他是诚实的，他又爱他的年青的妻子。）但这乡女"留在他的血液里"，他见了她不能不生占有她的思念。她追寻他。她终于重新和他结合；他感到自己不复能离开她：他自杀了。书中各个人物底肖像——如男子是一个善良的，懦弱的，

---

[1]　参看前文中论《安娜小史》章。

壮实的，短视的，聪明的，真诚的，勤奋的，烦闷的人，——他的年青的妻子是传奇式的，多情的，——美丽的健全的乡女，热烈而不知贞操的，——都是杰作。可惜托尔斯泰在他的小说底终局放入在实事中没有的道德思想：因为作者实在有过同类的艳史。

五幕剧《黑暗中的光明》，确表现了艺术方面的弱点。但当我们知道了托尔斯泰暮年时的悲剧时，这部在别的人名下隐藏着托尔斯泰及其家人底作品将何等动人！ Nicolas Ivanovitch Sarintzeff 和《我们应当做什么？》底作者到了具有同样信心的地步，他试着要把它实行。但这于他是绝端不可能。他的妻子底哭泣（真诚的呢还是假装的？）阻止他离开他的家族。他留在家中，如穷人般过活，作着木工。他的夫人与儿女继续着奢侈的享用与豪华的宴会。虽然他绝对没有参加，人家却指摘他是虚伪。然而，由于他的精神的影响，由于他的人格底光辉，他在周围造成了不少信徒——与不幸者。一个教堂司祭，信服了他的主义，放弃了他的职位。一个世家子弟为了他的主义而拒绝军役，以致被罚入纠正纪律的队伍中。而这可怜的托尔斯泰底化身，Sarintzeff 为怀疑所苦。他是不是犯了错误？他是否无谓地陷别人于痛苦或死地？末了，他对于他的悲苦底解决，唯有让那为他无意中置于绝路的青年底母亲杀死。

在另一短篇《无所谓罪人》（一九一〇年九月）中，我们还可找到托尔斯泰最后几年底生活，同样是一个因了无可自拔的境遇而受苦的人底忏悔录。在闲豫的富人之前，有被压迫的穷人：可是他们双方都不觉察这种社会状态底可怕与不合理。

两部剧本具有真实的价值：一是农村小剧，攻击酒精底为害的：《一切品性之所从来》（很可能是一九一〇年作）。人物底个性极强：他们的典型的体格，他们的言语底可笑，都是描绘逼真。那个在末了宽恕他的窃贼底乡人，在他无意识的伟大与天真的自尊心上，是又高尚又滑稽的。——第二部却另有一种重要，是十二景的剧本，名：《活尸》。它表露为社会荒谬的现象所压迫着的善良而懦弱之士。剧中的主人翁弗狄亚(Fedia)为了自己的善性与道德情操而断送了一生，他的这些情操隐藏在放浪不羁的生活之下：他为了人类底卑下与对于自己底蔑视而痛苦到不堪忍受；但他无力反抗。他有一个妻子，爱他，秉性善良，安分守己，极有理性，但"缺少这使苹果汁发沫的一颗小小的葡萄"，缺少这令人遗忘一切的"在生活中的跳跃"。而他正需要遗忘。

"我们都处于我们的环境中，他说，我们前面有三条途径，只有三条。做一个公务员，挣得钱来加增你生活底卑劣，这使我厌恶；也许是我不能这样做……第二条路，是和这卑下奋斗：这必得是一个英雄，我却不是。剩下第三条：忘记自己，喝酒，玩，唱歌：这是我所选择的路，你们看这条路已引我到什么地步……"[1]

_____

[1] 《活尸》第五幕第一场。

在另一段中：

"我怎样会陷于绝境的呢？第一是酒。并非我感到喝酒底乐趣。但我永远怀着这种情操：在我周围的一切都不应当的，我为此羞耻……至于要成为贵族底领袖，或银行底行长，这是那么可耻，那么可耻！……喝过了酒，我们不复感到羞耻了……而且，音乐，不是歌剧或贝多芬，而是酒店中的音乐，在你的灵魂中灌注了多少生命，多少精力……还有美丽的黑眼睛，微笑……但这些东西愈是魅人，事后愈令人羞耻……"[1]

他离开了他的妻子，因为他觉得使她不幸而她亦不使他快乐。他把她留给一个友人，他爱她，她亦爱他，虽然没有明言，且这友人与他亦有相似之处。他自己隐避在下层阶级中；这样，一切都好：他们两个是幸福了，他呢，——尽他所能的使自己幸福。但社会绝对不允许人家不征求它的同意而行事；它强迫弗狄亚自杀，如果他不愿他的两位朋友被判重婚罪。——这部奇特的作品。含有那么深刻的俄罗斯色彩，反映出一般优秀人士在革命所给予的巨大的希望消失以后，如何的失望与消沉，这是一部朴实无华的作品。其中的性格完全是真的，生动的，即是次要的角色亦是如此：（年轻的妹子对于恋爱与婚姻问题底道德观念；勇敢的Karenine底面目，她的老母，保守派的贵族，在言语上非常强硬，

---

[1] 第三幕第二场。

在行为上非常迁就的人；）甚至那些酒店中的舞女，律师，都是如实有的人物一般。

我所搁置不论的，是那些道德的与宗教的作用占了首位的作品，在此，作品底自由的生命被阻抑了，虽然这与托尔斯泰心理上的清明状态并无损害：

《伪票》：长篇的叙述，差不多是一部长篇小说，它要表现世界上一切行为——不论是善是恶——底连锁。两个中学生犯了一桩伪票罪，由此发见出许多的罪恶，愈来愈可怕，——直到由一个被害的可怜的女人底圣洁的退让，对于凶手发生了影响，更由这凶手一步一步追溯到造成罪恶的最初的人犯。题材是壮丽无比，简直近于史诗一般的题材，作品可以达到古代悲剧中那种定命的伟大。但本书底叙述太冗长了，太琐碎了，没有宏伟的气概；而且虽然每个人物都有特点，他们全体是类似的。

《儿童的智慧》是儿童之间底一组语录，（共有二十一条对白，）题材底范围极广，涉及宗教、艺术、科学、教育、国家等等。辞藻固然极为丰富；但那种方法令人厌倦，同样的意见已经重复说过多少次！

《年青的俄皇》幻想着他不由自主地所给予人的痛苦，是集子中最弱的一篇作品。

末了，我只列举若干断片的东西：《两个巡礼者》，——《祭司伐西利》，——《谁为凶手？》等等。

在这些作品底大体上言，我们很感到托尔斯泰直到逝世为止，一直保有他的智的精力[1]。当他陈述他的社会思想的时候，他显得是徒托空言；但每当他在一件行为，一个生人之前，他的人道主义的幻想消失之时，便只有一副如鹰目般的目光，一下子便参透你的衷心。他从没有丧失这清明境界。我认为他在艺术上唯一的贫弱，是在于热情方面。除了极短暂的时间以外，我们有一种印象，似乎艺术之于托尔斯泰不复是他生命底要素；它是一种必须的消遣，或者是行动底工具。但是他的真正的目的却是行动而非艺术。当他任令这热情的幻象把他激动时，他似乎感到羞惭；他斩钉截铁地结束了，或如《Féodor Kouzmitch老人底日记》般，他完全放弃作品，因为它颇有把他重行和艺术结合的危险……正在创造力丰富的时候，他竟为了这创造力而痛苦，终于把它为了上帝而牺牲，这不能不算是一个大艺术家底独一无二的例子。

一九一三年四月

[1] 这种精神上的健康，有他的朋友 Tchertkov 与他最后病倒时的医生底叙述为证。差不多直到最后，他每天继续写或读出他的日记令人笔录。

亚洲对托尔斯泰底回响

在本书最初几版刊行的时候，我们还不能度量托尔斯泰底思想在世界上的回响。种子还埋在泥土中。应当等待夏天。

今日，秋收已毕。从托尔斯泰身上长出整个的支裔。他的言语见诸行动。在伊阿斯拿耶·波里阿那底先驱者圣·约翰之后，接踵而来的有印度底救主——圣雄甘地(Mahâtmâ Gandhi)。

人类史上毕竟不乏令人叹赏的事迹，伟大的思想努力虽然表面上是归于消灭了，但它的原素毫未丧失，而种种回响与反应底推移形成了一条长流不尽的潮流，灌溉土地使其肥沃。

一八四七,年青的托尔斯泰十九岁,卧病在嘉尚(Kazan)医院,邻近的病床上，有一个喇嘛僧，面部被强盗刺伤很重，托尔斯泰从他那里第一次获得无抵抗主义底启示，为他将来在一生最后的三十年中奉为圭臬，锲而不舍的。

六十二年之后，一九〇九年，年青的印度人甘地，从垂死的托尔斯泰手中受到这圣洁的光明，为俄罗斯的老使徒把他的爱情与痛苦来培养成的；他把这光明放出鲜明的火焰，照射着印度：它的万丈光芒更遍映于全球各部。

但在涉及甘地与托尔斯泰底关系以前，我们愿将托尔斯泰与亚洲底关系大体上说一个梗概；没有这篇论文，一部托尔斯泰传在今日将成为残缺之作。因为托尔斯泰对于亚洲底行动，也许在历史上将较对于欧洲的行动更为重要。他是第一个思想上的"大道"，自东至西，结合古老的大陆上的一切的分子。如今，东西两方底巡礼者，都在这"大道上"来来往往。

此刻我们已具有一切为认识本题所必需的方法：因为托尔斯泰底虔诚的信徒，保尔·皮吕高夫 (Paul Birukoff) 把所有的材料都搜集在《托尔斯泰与东方》一书中 [1]。

东方永远吸引着他。极年青的时候，在嘉尚当大学生，他便选了东方语言科中的亚剌伯·土耳其语言组。在高加索从军的几年中，他和回教文化有过长久的接触，使他获有深刻的印象。一八七〇年后，在他所编的《初级学校读本》中，发见不少亚剌伯与印度底童话。他患着宗教苦闷时，圣经已不能满足他；他开始参考东方底宗教。他对于此方面的书籍浏览极多 [2]。不久，他

---

[1]　Tolstoi und der Orient. Briefe und sontsige Zeugnisse über Tolstois Beziehungen zu den Vertretern orientalischer Religionen，一九二五年。

[2]　皮吕高夫在他的书末，把托尔斯泰浏览与参考的关于东方的书籍作了一张表。

即有把他的读物介绍给欧洲底思念，《圣贤思想》集便是这个思想底结晶，其中包括着圣经，佛，老子，克利歇那(Krishna)底言论。他早就相信人类一切的宗教都建筑于同一个单位之上。

但他所寻求的，尤其是和亚洲人士底直接的关系。在他一生最后十年中，伊阿斯拿耶与东方各国间底通信是非常密切的。

在亚洲各国中，他感到在思想上与他最接近的是中国。但中国思想却最少表白出来。一八八四年时，他已研究孔子与老子；后者尤为他在古代圣贤中所最爱戴[1]。但托尔斯泰一直要等一九〇五年方能和老子底国人交换第一次通讯，而且似乎他的中国通信者只有两人。当然他们都是出众的人物。一个是学者 Tsien Huang-t'ung，（译者按：此人不知何指；）一个是大文豪辜鸿铭，他的名字在欧洲是很熟知的[2]，北京大学教授，革命后亡命日本。

在他与这两位中国的优秀之士底通信中，尤其在他致辜鸿铭底长信中，托尔斯泰表示他对于中国民族所感到的爱恋与钦佩。近年来中国人以高贵的温厚态度去忍受欧洲各国对他所施的暴行这事实尤其加强了托尔斯泰底情操。他鼓励中国坚持它的这种清

---

[1] 似乎一部分中国人也承认这类似性。往中国旅行的一个俄国人，于一九二二年时说中国的无政府主义充满了托氏底思想，而他们的共同的先驱者却是老子。

[2] 最近斯多克(Stock) 书店出版了他的《中国民族底精神》底法译本。（一九二七年）

明的忍耐，预言它必能获得最后的胜利。中国割让给俄国的旅顺这一个例子，（这件事情使俄国在日俄战争中付了极大的代价，）肯定了德国之于胶州湾，英国之于威海卫，必将归于同样的结局。那些盗贼终于要在他们中间互盗。——但当托尔斯泰知道不久以来，暴力与战争底思想，在中国人心中亦觉醒起来时，不禁表示惶虑，他坚求他们要抗拒这种思想。如果他们亦为这种传染病征服了，那末必将临着空前的大劫，不独是在"西方最犷野最愚昧的代表者德皇"所恐怖的黄祸这意义上，但尤在人类至高的福利这观点上。因为，古老的中国一旦消灭之后，它的真正的，大众的，和平的，勤勉的，实用的智慧(Sagesse)，本应当从中国渐渐地展布到全人类底智慧，必将随之俱灭。托尔斯泰相信必有一日，人类生活将完全改变；而他深信在这递嬗中，中国将在东方各民族之首，居于最重要的地位。亚洲底任务在于向世界上其余的人类指示一条导向真正的自由的大路，这条路，托尔斯泰说，即是"道"。他尤其希望中国不要依了西方底方案与榜样而改革，——即不要把立宪制度代替它的君主政治，不要建设国家军队与大工业！它得把欧洲作为前车之鉴，那种地狱一般残酷的现状，那些可怜的无产者，那种阶级斗争，无穷尽的军备竞争，他们的殖民地侵夺政策，——整个文明底破产，欧洲是一个先例，——是的！——是不应当做的事情底先例。固然中国不能长此保持它的现状，受各种暴行底侵犯，它只有一条路应当走：便是对于它的政府与一切政府底绝对的无抵抗。它只要无动于衷地继续耕它的田，只服从神底律令！欧洲将在这四万万人底英雄的清明的无抵抗前面降服。在田野中平和地工作，依了中国底三教行事：儒家，教人排脱暴力；道教，教人"己所不欲，勿施于人"；佛教，则是牺牲与爱：人生底智慧与幸福底秘密尽于此矣。

在托尔斯泰底忠告之后，我们试观今日中国所做的事；第一他的博学的通讯者，辜鸿铭，似乎并未如何领悟：因为他的传统主义是很狭隘的，他所提出的补救现代世界狂热底万能药，只是对于由过去造成的法统，加以绝对忠诚的拥护。[1]——但我们不应当以表面的波涛来判断无边的大海。虽然那些旋起旋灭的党争与革命，不能令人想到托尔斯泰底思想，与中国圣贤底数千年的传统如何一致，然而谁能说中国民族竟不是与托尔斯泰底思想十分接近呢？

日本人，由于他的热狂的生命力，由于他对于世界上一切新事物底饥渴的好奇心，和中国人正相反，他是在全亚洲和托尔斯泰发生关系最早底民族（约于一八九〇年左右）。托尔斯泰之却取着猜疑的态度，他提防他们的国家主义与好战天性底执着，尤其猜疑他们那么柔顺地容纳欧洲文明，而且立刻学全了这种文明

---

[1]　在致辜鸿铭书中，托尔斯泰猛烈地批评中国底传统教训，服从君主这信念；他认为这和强力是神明的权利一语同样无根据。

底害处。我们不能说他的猜疑是全无根据：因为他和他们的相当密切的通讯使他遭了好几次暗算。如年轻的 Jokai, Didaitschoolu 日报主笔，自称为他的信徒，同时又自命为把他的主义与爱国情操联合一致的折衷派，在一九〇四年日俄战争爆发时，他竟公然指摘托尔斯泰。更令人失望的是那个青年田村，最初读了托尔斯泰底一篇关于日俄战争的文字[1]，而感动得下泪，全身颤抖着，大声疾呼地喊说："托尔斯泰是今世唯一的先知者"，几星期之后，当日本海军在对马岛击破了俄国舰队时，一下子卷入爱国狂的漩涡，终于写了一部攻击托尔斯泰底无聊的书。

更为坚实更为真诚的——但与托氏真正的思想距离很远的——是这些日本的社会民主党，反对战争的，英雄的奋斗者[2]，一九〇四年九月致书托尔斯泰；托尔斯泰在复书中感谢他们的盛意，但表示他痛恶战争，同时亦痛恶社会主义[3]。

可是无论如何，托尔斯泰底精神已深入日本，把它彻底垦植了。一九〇八年，正值他八秩诞辰，他的俄国友人向全世界托尔斯泰底朋友征文，预备印行一部纪念册，加藤寄去一篇颇有意义

[1]　这篇论文载于一九〇〇年六月《泰晤士报》；Tamura 于十二月中在东京读到它。

[2]　Izo-Abe《平民报》经理。在托尔斯泰底复信寄到之前，他们已下狱，报纸也被封了。

[3]　这复信底内容，我在以前本文中已引述过一段。

的论文，指明托尔斯泰给予日本底影响。他的宗教作品，大部分在日本都有译本；这些作品在一九〇二——一九〇三年间据加藤说，产生了一种精神革命，不独日本的基督徒为然，即是日本的佛教徒亦莫不如此；且由此发生了佛教刷新底运动。宗教素来是一种已成法统，是外界底律令。那时起它才具有内心的性质。"宗教意识"从此成为一个时髦名辞。当然，这"自我"底觉醒并非是全无危险的。它在许多情形中可以引人到达和牺牲与博爱精神全然相反的终局，——如引人入于自私的享乐，麻木，绝望，甚至自杀：这易于震动的民族，在他热情底狂乱之中，往往把一切主义推之极端。但在西京附近，好几个托尔斯泰研究者的团体，竟这样地形成了，他们耕田度日，并宣扬博爱底教义[1]。以一般情形言，可说日本底心灵生活，一部分深深地受着托尔斯泰底人格的感应。即在今日，日本还有一个"托尔斯泰社"发行一种每期七十面底颇有意义而浸淫甚深的月刊[2]。

这些日本信徒中最可爱的模范，是年青的德富健次郎，他亦参加一九〇八年底祝寿文集，一九〇六年初，他自东京写了一封热烈的信致托尔斯泰，托尔斯泰立刻答复了他。但德富健次郎等

---

[1] 一九〇六年十月三日，Tokutomi 写信给他道："你不是孤独的，大师，你可自慰了！你在此有许多思想上的孩子……"

[2] Toistoi Kenkyu（意为托尔斯泰研究）。

不得收到复信，便搭了最近期出口的船去访他。他不懂一句俄文，连英文也懂得极少。七月中他到了伊阿斯拿耶，住了五天，托尔斯泰以父辈底慈爱接待他，他回到日本，这一星期底回忆与老人底光辉四射的微笑，使他终生不能忘怀。

他在一九〇八年底祝寿文中提起此事，他的单纯洁白的心倾诉着：

"在别后七百三十日与距离一万里底雾氛中间，我还依稀看到他的微笑。"

"现在我和妻和犬生活在小小的乡间，在一座简陋的房屋中。我种着蔬菜，刈着滋生不已的败草。我的精力与我的光阴完全消磨在刈草，刈草，刈草，……也许这是我的思想底本质使然，也许是这困阨的时代使然。但我很幸福……只是个人在这情境中只能提笔弄文，亦是太可怜了！……"

这个日本青年，在他的卑微纯朴幸福的生活状态上，在他的人生底智慧与勤劳的工作上，较诸参与祝寿文集的一切托氏底信徒都更能实现托氏底理想，而触及托氏底内心 [1]。

俄罗斯帝国底回教徒共有二百万人，故托尔斯泰在他俄国

[1]　Tokutomi 记得一九〇六年时托尔斯泰问他道：——"你知道我的年纪么？"——"七十八岁。"我回答——"不，二十八岁。"我思索了一会说道——"啊！是的，从你成为新人的那天算起。"他颔首称是。

人底地位上，颇有认识他们的机会。而他们在他的通信中亦占据了重要的地位，但在一九〇一年前，这种通信尚属少见。是年春天，托尔斯泰底被除教籍与致神圣宗教会议书感服了他们。卓越的坚决的言辞对于回教徒们不啻是古犹太先知爱里升天时底嘱言。俄罗斯底 Baschkirs 人，印度底回教僧侣，君士坦丁堡底回教徒写信给他，说他们读到他斥责整个基督教底宣言，使他们"快乐至于流泪"；他们祝贺他从"三位一体底黑暗的信仰"中解脱出来。他们称之为他们的"弟兄"，竭力使他改宗。一个印度回教僧，竟天真地告诉他说一个新的救世主（名叫 Chazrat Mirza Gularmh Achmed) 方在 Kaschmir 觅得耶稣底坟墓，打破了基督教中《复活》底谎言；他并且寄给他一张所谓耶稣坟墓底照相，和这所谓新救世主底肖像。

托尔斯泰对于这些奇特的友谊，怎样地报以可爱的镇静，几乎没有讥讽（或悲哀）的表示，这是我们难以想象的。不曾看到托尔斯泰在这些论辩中所取的态度的人，不能知道他刚愎的天性，涵养到如何绝端温和的地步。他从来不放弃他的殷勤的情意与好意的镇静。倒是那些与他通讯的回教徒愤愤然斥他为"中古时代底基督教偏见底余孽"[1]。或是那个因为托尔斯泰不承认他的新的回教救主，以种种说话威吓他，说这位圣人将把受着真理底光

---

[1] Afendiar Woissow 在君士坦丁堡。

辉的人分作三类：

"……有些人靠了他们自己的理智而受到的。有些人由于有形的信号与奇迹而受到的。第三种人是由于剑的力量而受到的。（例如法拉翁 Pharaon，摩西逼得要使他喝尽了红海底水方能使他信仰上帝。）因为上帝所遣的先知者应当教导全人类……"[1]

托尔斯泰从不以斗争的态度对付他的含有挑战性的通讯者。他的高贵的原则是无论何人，受了真理，永远不可把各种宗教底不同与缺点作准，而是应当注意沟通各种宗教与造成宗教底价值的特点。——"我对于一切宗教，努力抱着这种态度，尤其是对于回教。"[2]——他对于那个暴怒的回教僧，只答道："一个具有真正宗教情操的人底责任，在于以身作则，实践道德。"我们所需要的尽在于此[3]。他佩服摩罕默德，他的若干言论使他感服[4]。但摩罕默德只是一个人，如基督一样。欲使摩罕默德主义与基督主义成为一种正当的宗教，必须放弃对于一个人或一部书底盲目的信仰；只要他们容纳一切与全部人类底良心与理智符合的东西。——即在包容他的思想底适当的形式中，托尔斯泰也永

---

[1] 一九〇三年七月二十二日 Mohammed Sadig 书。

[2] 一九〇八年六月十日 Elkibajew 书。

[3] 一九〇三年八月二十日致 M.Sadig 书。

[4] 托尔斯泰极佩服摩罕默德关于贫穷的祈祷："吾主，使我在贫穷中生存，在贫穷中死去！"

远留神着不悖逆他的对手底信仰：

"如果我得罪你，那么请你原谅我。我们不能说一半的真理，应当说全部，或者完全不说。"[1]

他的丝毫不能说服他的质问者。自是毋容提及的事。

至少，他遇到别的回教徒，明白的，自由的，和他表示完满的同情：——第一流中有著名的宗教改革者，埃及底大教士 Mohammed Abdoul，一九〇四年四月八日从开罗 (Caire) 写信给他，祝贺他的被除教籍：因为这是贤圣之士底神明的报酬。他说托尔斯泰底光辉温暖了聚合了一切真理底探求者，他们的心永远期待着他的作品。托尔斯泰诚恳地答复了他。——他又受到驻君士坦丁堡波斯大使 Mirza Riza Chan 亲王（一九〇一年海牙和平会议波斯首席代表）底敬礼。

但他尤其受着白勃 (Babisme) 运动底吸引，他常和这派人物通声气。其中如神秘的 Gabriel Sacy 于一九〇一年自埃及致书于他，这是一个亚剌伯人，改信了基督教以后又转入波斯底白勃主义。Sacy 向托尔斯泰陈述他的主张。托尔斯泰答言（一九〇一年八月十日）"长久以来白勃主义已使他感到兴趣，关于本问题的书籍，他已读过不少"；他对于它的神秘的根据及其理论认为毫无重要；但他相信在东方可以成为重要的道德律："白勃主

---

[1] 一九〇二年十一月十一日致 A.Woissow 书。

义迟早将和基督教底无政府主义融和。"他曾写信给一个寄给他一部白勃主义书底俄国人，说他确信"从现在各种教派——婆罗门教，佛教、犹太教，基督教——中产生的一切合理化的宗教箴规必能获得胜利。"他看到它们全体底倾向是"会合到普遍地合于人间性的唯一的宗教"方面去。——他得悉白勃主义流入俄国感染了嘉尚地方底鞑靼人，大为喜悦，他邀请他们的领袖 Woissow 到他家里和他谈了很久，这件事故有 Gussev 底记载（一九〇九年二月）可考。

一九〇八年底祝寿文集中，一个 Calcutta 地方底法学家，名叫 Abdullah-al-Mamun-Suhrawardy，代表了回教国，作了一篇称颂备至的纪念文。他称他为 yogi，（译者按此系印度的苦修士，）他承认他的无抵抗主义并不与摩罕默德底主义相抵触；但"应当如托尔斯泰读圣经一般，在真理底光辉中而非在迷信底云雾中读可兰经。"他称颂托尔斯泰之不为超人，而是大家底兄弟，不是西方或东方底光明，而是神底光明，大众底光明。随后他预言托尔斯泰底无抵抗主义与"印度圣哲底教训混合之后，或能为我们这时代产生出若干新的救世主"。

这确是在印度出现了托尔斯泰所预告的活动的人格。

在十九世纪末，二十世纪初，印度是在完全警醒的状态中。除了一部分博学之士——他们是不以向大众传布他们的学问为急务的，他们只醉心于他们的语言学中，自以为与众隔绝[1]，——以外，欧洲尚未认识这种状态，它亦毫没想到在一八三〇年发端的印度民族心魂在一九〇〇年竟有如此庄严伟大的开展。这是一切在精神领域中突然发生的繁荣。在艺术上，科学上，思想上，无处不显出这灿烂的光华。只要一个泰戈尔 (Rabindranath-Tagore) 底名字，便在他的光荣的星座下，照耀着全世界。差不多在同时，吠擅多派 (Vedantisme) 教义受过 Arya-Samâj（一八七五）Da-yananda Sarasvati 辈底改革，Keshab Chunder Sen 并把 Brahmâ-Samâj 作为一种社会改革底工具，藉为调和基督教思想与东方思想底出发点。但印度底宗教界上，尤其照耀着两颗光芒万丈的巨星，突然显现的——或如印度的说法，是隔了数世纪而重新显现的，——两件思想界底奇迹：一个是 Ramakrishna（一八三六——一八八六），在他的热爱中抓住了一切神明的形体，一个是他的信徒 Vivekananda(一八六三——一九〇二)，比他的宗师尤为强毅，对于他的疲惫已久的民众唤醒了那个行动底神，Gitâ 底神。

托尔斯泰底广博的知识自然知道他们。他读过 Dayananda 底论文。一八九六年始，他已醉心 Vivekananda 底作品，体味 Ramakrishna 底语录。Vivekananda 于一九〇〇年漫游欧洲的时

---

[1] 除了极少的例外，如 Max Muller 那大思想家，心地宏伟的人。

候没有到伊阿斯拿耶·波里阿那去，真是人类底大不幸。作者对于这两个欧、亚二洲底伟大的宗教心魂没有尽联合之责，认为是一件无可补赎的憾事。

如印度底 Swami 一样，托尔斯泰受过"爱之主" Krishna 底熏陶，且在印度不少人敬礼他如同一个"圣者"，如一个再生的古 Rishi。《新改革》杂志底经理 Gopal Chetti 在印度是一个崇奉托尔斯泰思想的人，他在一九〇八年底祝寿文集中把托氏和出家的王子释迦牟尼相比；且说如果托尔斯泰生于印度，他定能被视为一个 Avatara，一个 Purusha，（宇宙心魂底化身，）一个 Sri-Krishna。

但是历史底无可移易的潮流已把托尔斯泰从苦修士对于神的梦想中转移到 Vivekananda，或甘地底伟大的行动中了。

命运底奇特的迂回！第一个导引托尔斯泰到这方面去，而以后又成为印度圣雄底左右手的人，这时候当和达玛路以前的圣保尔一般，是反对托氏思想最猛烈的一员，他是 C. R. Das[1]，我们能否假想是托尔斯泰底呼声，把他引入他的真正的使命？——一九〇八年终，C.R.Das 处在革命的立场上。他写信给托尔斯泰，毫不隐蔽他的强项的信心；他公然指摘托尔斯泰底无抵抗主义；可是他向他要求为他的报纸 Free Hindostan 作同情的表示。托尔

---

[1] C.R.Das 最近已经去世。他成为甘地底好友，印度和平抵抗运动底首领。

斯泰答了一封长信给他，差不多是一篇论文，在《致一个印度人书》（一九〇八年十二月十四日）底题目下，散布于全世界。他坚决地宣传他的无抵抗主义与博爱主义，每一部分都引用 Krishna 底言论作为他的论证。他对于科学底新迷信和对于古代的宗教迷信同样痛加抨击。他责备印度人，不应当否认他古代的智慧而去承袭西方的错误。

"我们可以希望，他说，在这佛教与孔子主义的广大的世界内，这新的科学偏见将无立足之地，而中国人，日本人，印度人，彻悟了承认暴力的宗教谎言之后，立刻可具有爱底律令底概念：适合于人类的，为东方底大师以那么雄伟的力宣示于世界的。但科学底迷信代替了宗教迷信来慢慢地侵吞东方诸民族了，它已征服日本为它摆布着最不幸的前途。在中国，在印度，一般自命为民众领袖的人全受了科学迷信底魅惑。你在你的报纸上提出你所认为应当指导印度底动向的基本原则如下：

"抵抗暴力不单是合理的，且是必需的；不抵抗既无补于自私主义亦有害于利他主义。"

"……什么！你，宗教情绪最深刻的民族底一员，竟相信了你的科学教育而敢把你的民族自远古以来即已主张的爱底律令，遽行弃绝么？暴力底首领，真理底敌人，最初是神学底囚犯，继而是科学底奴隶，——你的欧罗巴老师，感应给你那些荒谬的言论，你竟反复地说个不厌吗？

"你说英国人底制服印度，是因为印度不以武力来抵抗暴行？——但这完全是相反！英国人所以制服印度人，正因为印度人曾承认而现在还承认武力是他们的社会组织底基本原则之故；依了这个原则，他们服从他们各邦底君主；依了这个原则，他们向这些君主，向欧洲人，向英国人争斗……一个商务公司——三万人，而且是最无用的人——竟制服了二千万人底一个民族！把这个情形说给一个毫无成见的人听罢！他将不能懂得这些说话底意义……依数字而论，制服印度人的不是英国人而是印度人自己，这论断岂非是很明白确切的么？……

"印度人所以被暴力所制服，即因为他们就生存于暴力之中，现在还是依了暴力生活而不认识切合人类底永恒的爱底律令。

"凡是追寻他的所有物而不知他已占有的人，是愚昧而值得怜悯的！是的，不认识包围着他们的，所给予他们的爱的福利的人是愚昧而可怜的！"（Krishna 言）

"人只要度着与爱底律令协和的生活，这是切合他的良心而含有无抵抗与不参加暴力底原则的。那么，不独一百人不能制服数百万人，即是数百万人也不能制服一个人。不要抵抗恶，不参加恶，不加入行政司法，纳税，尤其是军队！——那时，无论何物，无论何人也不能制服你了！"

一段 Krishna 名言底申引，结束了这俄国教导印度底无抵抗主义宣道：

"孩子们，把你们被蒙蔽的目光望着更高远之处罢，一个新的世界，充满着欢乐与爱的世界将在你们面前显现，一个理智底世界，为"我的智慧"所创造的，唯一的实在的世界。那么，你们会认识爱对于你们底赐与、爱向你们提出底条件。"

托尔斯泰此书落到一个年轻的印度人手里，他在南非洲Johannesburg 地方当律师。他名叫甘地。他被这封书大大地感动了。一九〇九年终，他致书托尔斯泰。他告诉他，十年以来，他在托尔斯泰底宗教精神中所作的奋斗。他请求他允许他把他的致 C.R.Das 书译成印度文。

托尔斯泰对于他的"温和与强暴之战，谦卑与博爱和骄傲与暴力之战"表示祝福。他读到了 Hind Swarâj 底英文本，为甘地寄给他的；他立刻领悟这种宗教的与社会的经验底价值：

"你所讨论的，和平抵抗这问题，具有最高的价值，不独对于印度，且对于全人类亦是如此。"他读了 Joseph J.Doke 著的甘地传，为之神往。虽然病着，他还是写了几行动人的言辞寄给他，（一九一〇年五月八日）当他病愈时，一九一〇年九月七日，在 Kotschety——他出家逃亡以至病殁前一个月，——他又写给他一封长信，这封信是那么重要，虽然冗长，我决意把它差不多全部附录在本文后面。它是，它将是，在未来人士衣服中，是无抵抗主义底经典，托尔斯泰思想上的遗嘱。南非洲底印度人于一九一四年在 Golden Number of Indian Opinion 上发表了，那是一册研究南非洲和平抵抗运动底杂志。它的成功同时亦是无抵抗政策底首次胜利。

同时，欧罗巴大战爆发了，互相屠杀：这不能不说是一种奇特的对照。

但当暴风雨过去，野蛮的骚扰渐渐地平息时，在废墟残迹之外，人们听到甘地底精纯坚决的呼声，如一头云雀一般。这声音，在一个更响亮更和谐的音调上，重新说出了托尔斯泰底名言，表明新时代人类希望底颂曲。

罗曼·罗兰

一九二七年五月

托尔斯泰逝世前二月致甘地书

致南非洲 Johannesburg, Transvaal, M.K. Gandhi

我接到你的 Indian Opinion 报,读悉关于绝对无抵抗主义底论见,不胜欣慰。我不禁要表示我的读后感。

我阅世愈久,——尤其在此刻我明白感到日近死亡的时候——我愈需要表白我心中最强烈的感触,我认为重要无比的东西:这是说无抵抗主义,实在只是爱底法则底教训,尚未被骗人的诠解所变形的学说。爱,或者以别的名辞说沟通人类心魂底渴望,是人生底唯一的,最高的法则。……这是每个人知道,在心底里感到的。(在儿童心中尤其明显。)他只要没有受世俗思想底谎言所蒙蔽,他便会知道这点。

这条法则曾被人间一切圣哲之士宣扬过:印度人,中国人,希伯莱人,希腊人,罗马人。基督尤其把他表白得明显,他以确切的辞句说这条法则包括一切法则与一切先知者。而且,基督预料到这条法则有被变形底可能,故他特别暴露那种危险,说那些生活在物质的利益中的人要改变它的性质。所谓危险者，是那些人自以为应以暴力来保护他们的利益，或如他们的说法，以暴力来夺回被人以暴力夺去的一切。基督知道（好似一切有理性的人所知道的一般）暴力底运用，与人生最高的法则，爱，是不相容的。他知道只要在一种情境中容受了暴力，这法则便全盘摧毁了。全部的基督教文明，在表面上虽然似乎非常灿烂，其实它时常在推进这种显而易见的，奇特的矛盾与误会，有时是故意的，但多半是无意识的。

实际上，只要武力抵抗被容受，爱底法则便没有价值而且也不能有价值了。如果爱底法则没有价值，那么除了强权之外，任何法则都无价值了。十九个世纪以来的基督教即是如此。而且，在一切时间内，人类常把力作为主持社会组织底原则。基督教国家与别的国家中间底异点便是在基督教中，爱的法则是表白得很明显确切的，为任何宗教所不及；而基督徒们虽然把暴力底运用认为是合法的，把他们的生活建立于暴力之上，但他们仍旧庄严地接受这法则。因此，基督教民族底生活是他们的信仰与生活基础之间的矛盾，是应当成为行动底法则底爱，与在种种形式下的暴力之间的矛盾。（所谓暴力底种种形式是：政府，法院，军队，被认为必需而受人拥护的机关。）这矛盾随了内生活底开展而增强，在最近以来达到了顶点。

今日，问题是这样：是或否；应当选择其一！或者我们否定一切宗教的与道德的教训而在立身处世之中任令强权支使我们。

或者把一切强迫的纳税，司法与警务权，尤其是军队，加以摧毁。

本年春天，莫斯科某女校举行宗教试验，那时除了宗教科教员之外，还有主教也亲自参与；他们考问女学生，关于十诫底问题，尤皆是第五诫："戒杀！"当学生底答语正确的时候，主教往往追问另外一句："依了上帝底律令，是否在无论何种情形下永远禁止杀戮?"可怜的女郎为教员们预先教唆好了的，应当答道："——不，不永远如此。因为在战争与死刑中，杀戮是允许的。"——但其中一个不幸的女郎（这是由一个在场目睹的证人讲给我听的）听到这照例的问句"杀人永远是一件罪恶么？"之后，红着脸，感动着，下了决心，答道："——永远是的！"对于主教底一切诡辩，年轻的女郎毫不动心地回答，说在无论何种情形中，杀戮是永远禁止的，而这在旧约中已经如此：至于基督，他不独禁止杀戮，并且禁止加害他的邻人。虽然主教是那么庄严，那么善于说辞，他终竟辞穷，为少女战败了。

是的，我们尽可在我们的报纸上唠叨着谈航空进步，外交阴谋，俱乐部，新发现，和自称为艺术品等等底问题，而对于这少女所说的缄口不言！但我们决不能就此阻塞了思想，因为一切基督徒如这女郎一样地感觉到，虽然感觉底程度或有明晦之别。社会主义，无政府主义，救世军，日有增加的罪案，失业，富人们的穷奢极侈天天在膨胀：穷人们底可怕的灾祸，惊人地增多的自杀事件，这一切情形证明了内心的矛盾，应当解决而将会解决的矛盾。承认爱底法则，排斥一切暴力底运用。这是近似的解决方法。

因此，你在 Transvaal 底活动，于你似乎显得限于世界底一隅，而实在是处于我们的利益底中心；它是今日世界上最重要的活魂之一；不独是基督教民族，世界上一切的民族都将参预。

在俄罗斯，也有同样的运动在迅速地发展，拒绝军役底事件一年一年地增加，这个消息定会使你快慰。虽然你们的无抵抗主义者与我们的拒绝军役者底数目是那么少，他们毕竟可以说："神和我们一起，而神是比人更强。"

在基督教信仰底宣传中，即在人们教给我们的变形的基督教义形式中，即在同时相信战时屠杀的军备与军队是必须的情形中，也存在着一种那么剧烈的矛盾，迟早会，很可能是极早地，赤裸裸地表白出来。那么，我们必得或者消灭基督教，——可是没有它，国家的权威是无从维持的，——或者是消灭军队，放弃武力，——这对于国家亦是同样重要的。这矛盾已为一切政府所感到，尤其是你们的不列颠政府与我们的俄罗斯政府；而由于一种保守的思想，他们处罚一切揭破这矛盾的人，比着对于国家底其他的敌人，处置得更严厉。在俄国我们看到这种情形，由于你的报纸，我们亦看到你们的情形。各国政府明知威胁他们的最严重的危险之由来，他们所极力护卫的亦不止是他们的利益。他们知道他们是为了生或死而奋斗。

雷翁·托尔斯泰

一九一〇年九月七日于 Kotschety

图书在版编目（CIP）数据

托尔斯泰传／（法）罗曼·罗兰著；傅雷译.
—北京：中国青年出版社，2017.1
ISBN 978-7-5153-4593-2

Ⅰ. ①托… Ⅱ. ①罗… ②傅… Ⅲ. ①托尔斯泰（Tolstoy,
Leo Nikolayevich 1828-1910）- 传记 Ⅳ. ① K835.125.6

中国版本图书馆 CIP 数据核字（2016）第 287405 号

责任编辑：孙梦云
书籍设计：孙初＋叶子秋

中国青年出版社 出版 发行
社址：北京东四 12 条 21 号
邮政编码：100708
网址：www.cyp.com.cn
编辑部电话：(010) 57350505
门市部电话：（010）57350370
北京科信印刷有限公司印刷　新华书店经销

787×1092mm 1 ／ 32　7 印张　106 千字
2017 年 8 月北京第 1 版　2019 年 1 月北京第 2 次印刷
印数：4001—9000 册
定价：28.00 元

本书如有印装质量问题，请凭购书发票与质检部联系调换
联系电话：（010）57350337